U0869909

识干家

企業閱讀　學以致用

企业高管经营课

觉察认知盲点
突破增长瓶颈

范桃根 — 著

北京燕山出版社
BEIJING YANSHAN PRESS

图书在版编目（CIP）数据

企业高管经营课：觉察认知盲点，突破增长瓶颈 / 范桃根著. -- 北京：北京燕山出版社，2022. 4

ISBN 978-7-5402-6466-6

Ⅰ. ①企… Ⅱ. ①范… Ⅲ. ①企业经营管理 Ⅳ. ①F272. 3

中国版本图书馆 CIP 数据核字（2022）第 048865 号

书　　名： 企业高管经营课：觉察认知盲点，突破增长瓶颈
作　　者： 范桃根
责任编辑： 满　懿
出版发行： 北京燕山出版社
地　　址： 北京市丰台区东铁匠营苇子坑 138 号
网　　址： http://www. bjyspress. com
电　　话：（010）65240430
电子信箱： bjyspress@ 126. com
印　　刷： 河北宝昌佳彩印刷有限公司
经　　销： 新华书店
规　　格： 170 毫米 ×240 毫米　1/16 开　16. 25 印张　226 千字
版　　次： 2022 年 4 月第 1 版　　2022 年 4 月第 1 次印刷
定　　价： 198. 00 元

导读

从盲人摸象到一叶知秋

三十年企业经营管理职业生涯，感悟与感慨非常多！

接触了很多企业，规模、行业、历程不同；生存与发展状态不同。

认识了许多经营管理者，格局、眼界、知识结构、理念习惯不同。

遇到了诸多经营管理问题，现象、层面、领域不同，影响不同。

但问题的根源都一样！

在企业管理咨询工作过程中的强烈感受——

这么多企业的经营管理状态好比盲人摸象！

这么多企业经营管理者的问题认知容易一叶障目！

由于生存环境、发展历程、起步水平等因素的影响，许多企业的经营管理浮于事务性处理层面；市场价值、服务能力、利润创造等经营认知局限比较大。近年来，企业外部竞争环境变化快，这类缺陷与短板问题更加明显。

在实施经营管理咨询项目过程中，时常感到——

找到问题解决、障碍排除、效率提升的方法并不难；

最难的是与企业团队达成问题解决、价值优化的共识！

有时真能体会到“夏虫不可语冰”。

但凡看得见的东西，企业都能管理好，那些看不见的东西则不知如何经营管理。障碍大、问题多的企业多数处于这种经营管理状态。

战略、规划、计划都不缺，营销、制造、人力、财务管理都有，但是销量难以提升、产品难以优化、人才难以成长、利润难以增长。企业内部问题不断，让经营管理者筋疲力尽，生存都难，根本无暇顾及发展问题。

员工不主动，推一下动一下；团队不努力，得过且过；组织缺乏斗志，一潭死水。面临成长问题与发展障碍，决策者心急如焚、管理者不知所措、执行者无动于衷。

企业的任何问题都不是偶然的、点上的问题；

经营管理者如果只能看见具体的问题，必然陷入盲人摸象的困境；

具备格局、体系、机制整体性认知，才能最终消除和解决问题。

本书旨在引导经营管理者，摆脱表象经营、行为管理的盲人摸象状态，将企业经营管理导入价值竞争、能力竞争、文化竞争层面。让经营管理者形成价值格局、能力体系、活力机制认知，具备一叶知秋、窥一斑而见全豹的透彻能力。

全书由两部分构成——**通篇采取问题导向、思维导入方式**，有助于读者从具体的问题出发，将思维扩散至格局、体系、机制整体性、深层次价值、能力、活力根源方面。

上篇旨在聚焦问题，让经营管理者认知问题与障碍的体系化、结构化根源；

下篇旨在解决问题，让经营管理者知道如何构建价值、能力、活力体系机制，避免企业遭遇发展障碍和有效解决成长问题。

经营管理认知处于盲人摸象状态，是企业出现问题和无法解决问题的根源；

提升经营管理认知深度，达到格局、体系、机制一叶知秋的意识状态，是企业避免障碍和解决问题的根本。

目录
CONTENTS

上篇　经营者头疼的问题

第一章　企业的利润之井有多深_ 3

问题 1：为什么企业经营业绩滑坡_ 4

问题 2：为什么经营管理问题不断_ 7

问题 3：为什么运营效率低下_ 9

第二章　价值职能体系够不够健全_ 13

问题 1：为什么产品（服务）不值钱_ 14

问题 2：为什么人才不足、团队乏力_ 17

问题 3：为什么资金资源短缺_ 20

问题 4：为什么陷入低价竞争困局_ 23

第三章　激励机制动力够不够强劲_ 27

问题 1：为什么员工不努力_ 28

问题 2：为什么团队不上进_ 30

问题 3：为什么组织无斗志_ 33

第四章　企业问题与乱象面面观_ 37

问题 1：规模与能力问题_ 40

问题 2：理念与观念问题_ 42

问题 3：模式与习惯问题_ 45
问题 4：眼界与认知问题_ 47
问题 5：经营格局问题_ 50
问题 6：管理模式问题_ 52

下篇　如何避免障碍和解决问题

第五章　决策者能否见风使舵_ 57
问题 1：企业是否有自知之明_ 58
问题 2：决策者能否预判趋势变化_ 62
问题 3：企业能否把握主流趋势_ 65
问题 4：未来不可回避的两极化趋势_ 68
问题 5：企业有没有实施变革优化_ 72
问题 6：决策者能否高瞻远瞩 _ 77

第六章　企业如何主动推进变革优化_ 82
问题 1：企业生存发展的立足点在哪里_ 88
问题 2：企业如何夯实生存发展基础_ 90
问题 3：企业如何避免发展障碍_ 93
问题 4：如何厘清价值经营纲要_ 96
问题 5：如何理顺能力管理环节_ 100
问题 6：如何构建价值数据体系_ 103
问题 7：如何完善能力指标系统_ 106

第七章　企业有没有明确的价值定位_ 110
问题 1：为何遭遇发展瓶颈_ 113
问题 2：为谁辛苦和为谁忙_ 116

问题 3：为何战略难以落地_ 119
问题 4：如何有效抓住利润_ 123
问题 5：如何形成良性循环发展态势_ 126
问题 6：决策者怎样才能胸有成竹_ 129

第八章　企业能否消除能力结构短板_ 133
问题 1：市场竞争需要什么基础支撑_ 136
问题 2：如何厘清价值与能力体系结构_ 139
问题 3：如何健全价值创造职能体系_ 143
问题 4：如何塑造组织竞争力_ 146

第九章　如何夯实市场竞争力基础_ 150
问题 1：如何经营好市场_ 151
问题 2：如何促进销量提升_ 154
问题 3：如何提升客户满意度_ 157
问题 4：如何塑造品牌价值_ 161
问题 5：如何经营好产品_ 164
问题 6：如何优化完善产品_ 167
问题 7：如何提升更新技术_ 170

第十章　如何夯实组织竞争力基础_ 174
问题 1：如何经营好组织_ 175
问题 2：如何整合思想价值_ 178
问题 3：如何整合理念价值_ 181
问题 4：如何整合文化价值_ 184
问题 5：如何塑造好企业人_ 187
问题 6：如何整合人力资源_ 190

问题 7：如何追求人尽其心_ 193

问题 8：如何均衡配置资源_ 196

问题 9：如何调控管理资金_ 200

第十一章　如何塑造文化竞争力_ 203

问题 1：如何避免隐性发展障碍_ 206

问题 2：如何驱动价值创造行为_ 209

问题 3：如何有效授权与追责_ 212

问题 4：如何分享分配利益_ 215

问题 5：如何有效活化薪酬_ 218

问题 6：如何有效活化奖励_ 221

问题 7：如何调整活化福利_ 224

问题 8：如何实施文化牵引_ 226

问题 9：如何形成全方位激励_ 229

问题 10：如何保障企业持续生存发展_ 231

后　记_ 235

上　篇
经营者头疼的问题

时代不同了；
企业的生存环境、竞争方式、发展模式也变了。

经营管理者只会做事、管事，做不好企业。
只知道事务、行为管理，培育不出能力！
只知道客户、订单、产品经营，塑造不出价值！

缺乏能力是企业成长问题的根源！
缺乏价值是企业发展障碍的根源！

看透市场实力、组织能力、文化活力相互支撑的关系；
理解市场、组织、文化竞争力与利润、成本、效益的关系；
企业才能避免和解决瓶颈性老大难问题。

经营管理顺畅的关键，不在于解决问题，而在于看透问题！
能够看透问题，问题就不会出现！
能够看透问题，问题将逐渐消失！

第一章　企业的利润之井有多深

经营格局决定管理体系与运营机制；

利润、成本、效益只不过是价值格局的结果表象！

利润源泉之井越深，利润就越稳定越长久！

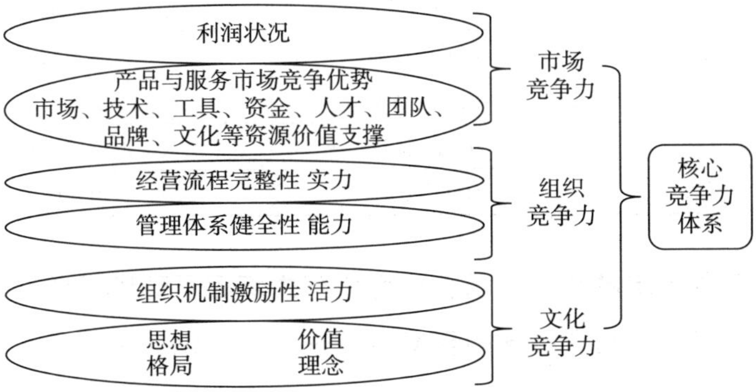

图 1－1　格局、体系、机制与利润的关系

看不懂这张图，说明眼界宽度、思维深度还不够！

理解企业资本增值规律是避免瓶颈性问题的前提！

体系与组织机制不健全，拼命在产品与服务上下功夫，难见成效！

经营视野不高远，体系与机制难以优化健全完善！

经营思想禁锢、管理理念狭隘，难以更新扩充企业发展空间！

问题1：为什么企业经营业绩滑坡

1. 问题表象

利润下滑；营收萎缩；资产与资本增长停滞。

2. 问题根源

（1）竞争模式落后于环境趋势要求

表1-1　企业竞争环境与模式升级趋势

生存环境	竞争模式	依赖要素
物资匮乏	要素资源	原材料、土地、人力
市场不饱和	产品与服务	成本与效率
市场饱和	人才与技术	质量与功能
产能过剩	市场与品牌	服务与品牌
市场更迭	体系与机制	价值与能力

如果企业越走越累，说明企业竞争模式落后于环境发展要求！

生产力不足、物资匮乏的环境中——自然资源、生产要素是企业发展的关键；

生产力充足、市场不饱和的环境中——成本与效率是企业生存发展的根本；

生产力充足、市场饱和的环境中——产品与服务功能质量为企业发展的关键；

生产力过剩、市场极度饱和的环境中——产品、服务、品牌为企业发展的根本；

产能过剩、市场创新速度加快的环境中——市场价值、创造能力为企业生存发展的根本；企业必须拥有经营体系与管理机制整体优势，才能够持续生存发展。

生存竞争模式落后于竞争环境要求，企业必然停滞增长与发展！

产品与服务高度商业化经济时代，你还在追求要素资源规模，必然停滞发展；

市场饱和经济环境中，你还在追求成本与效率优势，必然停滞发展；

市场过剩经济环境中，你还在追求质量与人才支撑，必然停滞发展；

市场快速更迭环境中，你还在追求服务与品牌优势，必然停滞发展。

（2）企业外部市场环境变化趋势

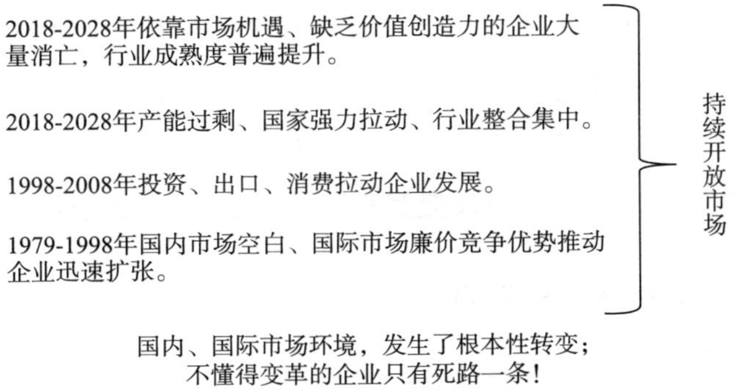

图1－2　国内经济与市场环境变化趋势

竞争环境从生产力不足、物资匮乏到市场逐步饱和、产能逐步过剩，再到市场创新更迭时代，市场颠覆性演变仅仅用了四十年的时间。**企业依赖资源整合、低成本竞争优势谋取生存发展空间将越来越艰难。**

市场竞争环境发生了本质变化；

国家社会经济发展模式都不得不进行相应调整。

企业竞争模式依然一如既往，停滞发展或衰退是必然结果！

3. 问题解决思路

企业停滞发展问题的根源，在于竞争模式落后；

优化、转变、升级竞争模式是解决发展瓶颈问题的根本！

表 1－2　企业竞争模式升级内涵

传统模式	特征	升级内容
外求资源	关注外部资源引进	内求能力提升
依赖政策	寻求政策支持	培育组织竞争力
寻求机会	寻求市场与行业机遇	创造市场消费需求
聚焦成本	依赖低价销售竞争	依靠价值竞争
注重人才	注重岗位能力	追求组织整体能力

企业始终盯着外部资源，总是想通过引进好产品、好技术、好人才、好项目来推动企业的持续发展，这种模式已经落伍了！

依赖解读争取政策支持生存发展，政策一变企业就陷入困境。

始终寻找投资机遇盈利，市场饱和萎缩状态下企业就没有出路。

只会压缩成本通过低价竞争方式盈利，最终累死自己。

注重人才引进，模式落后状况下，人才独木难支。

要突破发展瓶颈，必须改变竞争方式、优化升级竞争模式！

4. 高管经营会讨论重点

企业是否陷入停滞发展状态？

停滞增长或萎缩是市场消费萎缩造成的吗？

企业为什么缺乏产品与服务市场竞争力？

为什么融资成了企业的首要问题？

企业是否存在经营思想与管理理念格局问题？

你认为企业的经营体系与管理机制功能健全吗？

5. 问题解决关键提示

经营思想、管理理念意识不转变，行为改变将流于形式。

经营体系、管理机制健全存在缺陷，能力无法提升。

整体规划、耐心推进；瓶颈问题的消除需要过程周期。

问题 2：为什么经营管理问题不断

1. 问题表象

人员流失严重，人才引进困难；

产品缺乏竞争力，技术难以提升、市场难以扩张；

资源短缺，甚至资金周转困难等。

2. 问题根源

通过薪酬绩效改善，试图稳定队伍、激发工作热情；

通过组织优化，试图理顺管理、提升执行力；

通过战略调整，试图解决发展空间拓展问题等。

经营管理整体机能结构存在缺陷——

任何单个功能模块的优化改善，其效果都微乎其微。

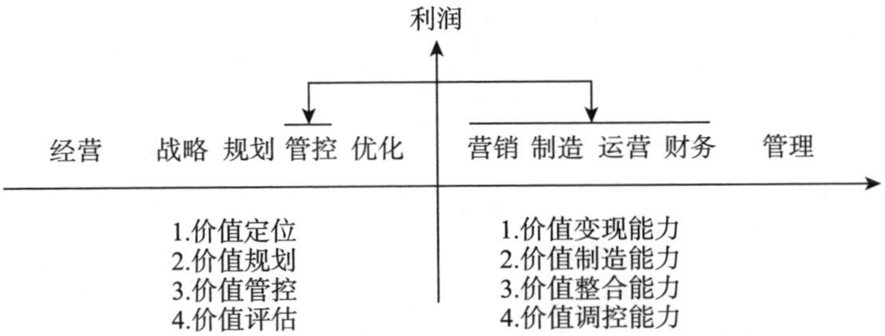

图 1－3　企业经营管理体系功能本质

战略不清晰——企业发展起伏不定；

规划不具体——企业运行失衡问题不断；

管控不健全——目标可控性差、盈利无保障；

优化不及时——模式、方式落后，竞争力无保障；

营销职能不全——客户不稳定、营收无保障；
制造职能不全——产品落伍、服务价值无保障；
运营职能不全——人才、团队、组织能力无保障；
财务职能不全——资金、资产配置失衡，运行问题不断。
经营管理中看似偶然的问题，其实都是机能结构的必然问题！
人员不稳定涉及薪酬与激励问题；
薪酬与激励涉及盈利能力问题；
盈利能力涉及组织价值创造力问题；
组织价值创造力涉及战略规划问题；
战略规划涉及经营思想、管理理念格局、眼界问题。
经营管理机能结构不完善，老问题得不到根除、新问题不断出现；
导致各种经营管理运营问题持续不断、没完没了、盘根错节。

3. 问题解决思路

健全经营管理机能、理顺经营管理关系，才能解决问题。

表 1－3　问题消除步骤内涵

步骤	内涵	关键
明确战略	确定竞争领域	长远目标稳定
完善组织	决策、管理、执行	责权利统一
规范管控	能力、业绩标准	管理有依据
全面激励	职业发展、财富增长	业绩贡献导向
文化建设	塑造精神、培育风气	组织凝聚力

通过明确战略，消除资源配置无序的问题；
通过完善组织，消除能力培育与责权紊乱问题；
通过规范管控，消除管理混乱无序问题；
通过全面激励，解决业绩创造、利润结果控制问题；
通过文化建设，解决心态、精神、风气的被动问题。
经营管理体系机制健全，才能解决和消除老大难问题！

仅从市场、产品、技术、人才、资金等层面着手，无法触及根源。

4. 高管经营会讨论重点

企业是否问题不断？
企业的战略是否明确稳定？
企业的发展规划是否具体？
企业组织职能是否与战略发展要求相匹配？
营销、制造、运营、财务职能是否健全？
利润、成本、效益目标是否分解至职能模块？
薪酬、奖金、职位晋升是否有明确的数据指标依据？

5. 问题解决关键提示

问题解决方法与措施明确，并非问题就一定能够解决；
决策者是否具备看穿经营管理体系机能的眼光？
决策者是否具备全面性、全局性、整体性逻辑思维模式？
决策者是否具有开放性责任、权力、利益管理的胸襟？
管理团队职能结构是否完善？
管理团队是否具备相应的专业能力？

问题3：为什么运营效率低下

1. 问题表象

经营者心急火燎，想法特别多、面临的问题特别多；
管理者按部就班，面对老大难问题束手无策；
执行者无动于衷，薪酬不涨、奖金不多，混日子而已。

2. 问题根源

企业没有严重问题，但一潭死水。

战略规划、组织职能、目标计划、绩效管理、文化建设等都做了；

可是企业就是跑不起来，甚至走不动。

（1）价值与能力内在逻辑关系没有理顺

经营管理逻辑关系不顺畅，是组织运行效率低下的首要因素。

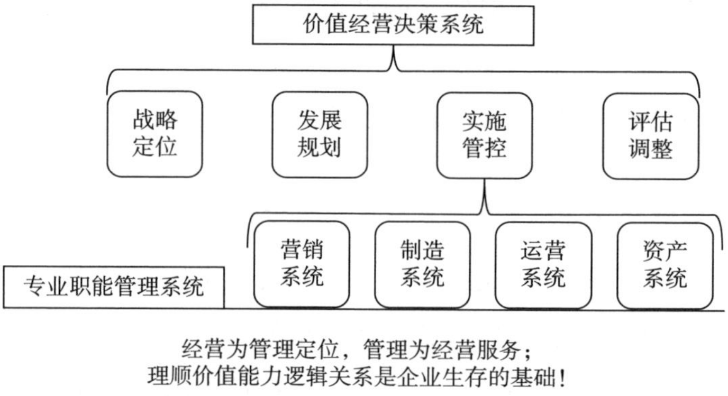

图1－4　价值经营与能力管理的关系

经营决策与过程管控关系混乱，导致决策者劳累、管理者辛苦；

经营决策目标不清晰，过程管理必然混乱；

经营目标具体清晰，过程管控权责含糊，同样导致运行效率低下。

经营为管理定位，管理为经营服务，是企业经营管理关系的本质；

经营有没有为管理定位，管理能不能达到经营要求，是企业高效运行的关键！

（2）理顺价值与能力关系、均衡组织管控责权

经营决策、目标管理、过程执行角色定位清晰是企业高效的基础。

居上者闲、居中者能、居下者工是角色定位的具体要求或标准。

决策者忙忙碌碌、管理者无所适从、执行者悠闲自在，效率必然低下。

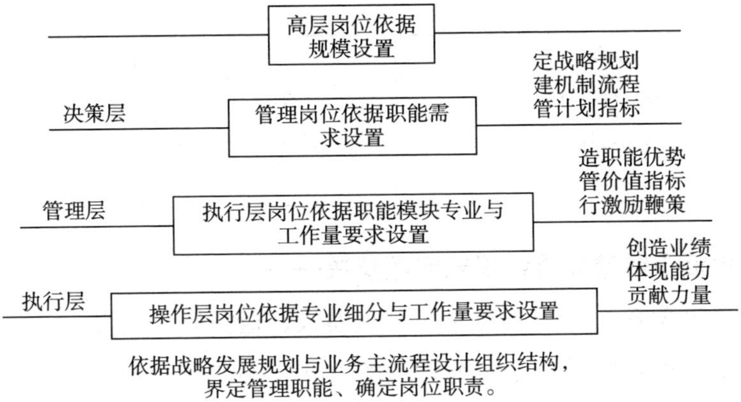

图1－5　权责能一体的组织设计与管控

（3）责权利与文化激励机制存在缺陷

组织责权是否均衡？

权力过于集中或采取专制管控模式，企业运行效率必然低下。

利益分享是否公平？

利益不能共享、风险不能共担，企业运行效率必然低下。

文化管理是否全面？

优劣无法区分、好坏没有差别，企业运行效率必然低下。

组织活力机制是否解决了以下问题：

解决梦想塑造与牵引问题；

解决财富增长与职业发展问题；

解决创新、创效责权空间问题；

解决归属感、成就感所造成的问题；

明确回答这些问题，才能解决组织效率的持续提升问题！

3. 问题解决思路

表1－4　步骤与内容

步骤	内容
界定经营管理权责	决策、管理、执行责权分明

续表

步骤	内容
设定分解目标	组织、模块、岗位利润指标明确
分享利益	利润、成本、效益与收入、晋级挂钩
培育风气	激励先进、鞭策落后

效率低下或难以持续提升问题解决——

改变决策者一竿子插到底的行为模式，避免管得太多；

改变管理者接受指令实施管理的方式，不要没有想法；

改变执行者推一下动一下的行为习惯，不要没有热情。

改变目标不明确、指标不具体的管控模式，人人为目标奋斗、为指标努力；

改变企业利润、利益无人关注的状态，形成利益共享风险共担共同体；

改变优劣无别、好坏不分的平衡状态，形成弘扬先进打击后进的风气。

4. 高管经营会讨论重点

企业的利润是否持续增长？

企业的成本是否持续压缩？

决策者是否眉毛胡子一把抓？

管理者是否被工作指令困扰？

执行者是否缺乏工作热情？

5. 问题解决关键提示

经营决策者强烈意识到温水煮青蛙的严重后果；

经营决策者看透效率低下现象的背后，经营管理关系不顺的问题；

经营决策者看透利益、文化系统激励机制不健全问题；

经营管理执行各层面人员达成改革与提升的思路措施共识。

第二章　价值职能体系够不够健全

具备价值格局，能力体系功能不健全——市场、产品、人才、资本也无法形成竞争力！

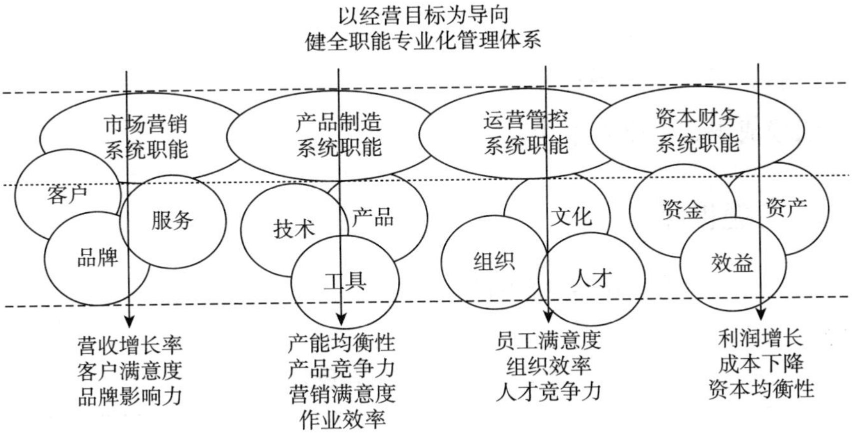

图 2－1　健全组织（价值创造）竞争力体系

企业组织竞争力，本质上是以市场价值经营为导向的专业创造能力。

五脏六腑、头脑躯干、四肢健全才不会功能残疾！

市场下滑、产品不好、人才缺乏、资金短缺、技术落后等都是问题表象；

营收增长、产量提升、效率提升、利润增长，必须依赖——

市场定位、能力培育、价值创造

三个层面的竞争力体系机能支撑。

当体系功能与结构存在缺陷时——

抓市场营销、抓产品研发、抓人才培养引进等都无法从根本上解决问题。

问题1：为什么产品（服务）不值钱

1. 问题表象

客户容易流失；

产品同质化严重；

产品更新速度缓慢；

依赖成本、价格竞争生存。

2. 问题根源

（1）专业职能功能系统不健全

表2－1　问题层面与原因

层面	原因
市场定位	客户需求定位不明确或不稳定
职能权限	职能管理者没有产品发展规划权力
管控模式	价值与能力评价标准不具体
执行方式	实施与执行自主空间不够

产品（服务）不值钱，企业必须系统反思以下问题：

企业的战略规划是否明确、稳定？

企业的市场客户定位是否明确稳定？

企业的客户需求分析把握是否细致？

产品制造职能管理者是否有供应链、产品、技术、工具发展规划权力？

企业对产品职能价值与能力的评价标准是否清晰具体？

产品职能管理者是否有足够的实施与执行自主空间？

（2）产品职能团队自身能力不足

能否以产品为职能核心，系统性塑造产品价值？

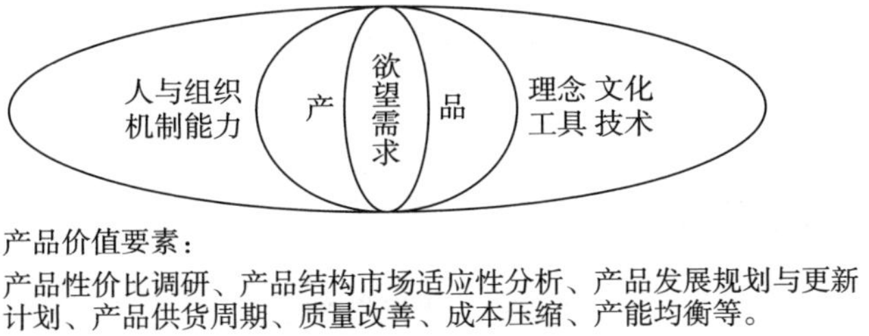

图2-2　产品与服务

价值创造职能的核心能力在于产品与服务的持续优化完善。

关注营销市场要求，整合专业资源改善产品，提升服务，提升营销满意度；

产品、技术、工具资源价值无法持续提升，或营销工作满意度低——

企业产品与服务创造职能功能体系肯定不完善、不健全。

（3）产品职能管理者能否充分挖掘技术要素价值

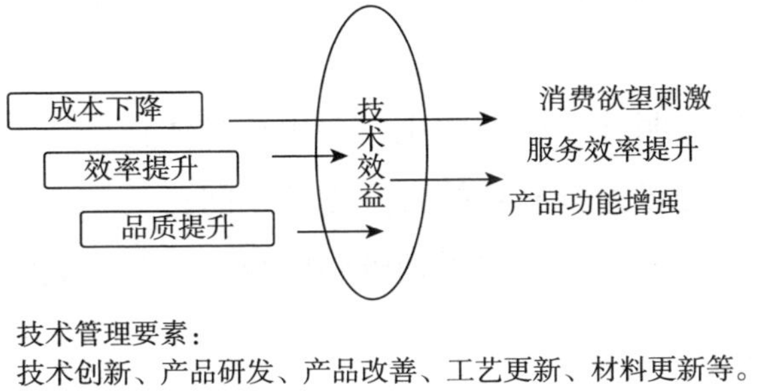

图2-3　技术与工具

信息时代、互联时代、智能时代，产品与服务竞争更离不开技术支撑。

技术更新换代导致企业淘汰，行业整合，市场消费方式根本转变。

产品没有技术与工具资源价值的支撑，必然陷入同质、低端、价格

竞争困境。

产品职能系统功能不健全，企业不可能拥有好产品；

产品职能专业价值导向不聚焦客户和营销需求，企业肯定没有好产品；

产品专业职能把握不住技术与工具的更新节奏，企业肯定没有好产品。

3. 问题解决思路

表 2－2　步骤与内容

步骤	内容
明确产品战略导向	确定市场、客户、需求
设定产品优化目标	年度、中期、长期发展规划
界定产品价值创造责权	实施产品发展规划与计划考核
提升专业职能能力	产品、技术、工艺创新效益

产品缺乏竞争力，产品不值钱，是企业生存发展最严重的问题；

制造出好产品，仅在产品、技术、工艺、人才等层面下功夫无法解决问题；

必须从战略、职能能力系统、价值创造激励机制层面奠定框架性基础。

产品战略目标明确、产品优化完善规划具体；

职能专业管理者拥有充裕的自主创新空间；

目标达成、价值效益创造激励机制健全，企业才能解决产品不值钱的问题！

4. 高管经营会讨论重点

企业的产品（服务）是否存在同质化问题？

产品（服务）市场价值层面是否持续提升？

产品（服务）能否有效稳定客户，吸引新客户？

如何改变产品不值钱或缺乏市场竞争力状况？
生产或产品制造职能管理者能做什么改善？
经营决策者应该为产品优化改善做什么？

5. 问题解决关键提示

在产品（服务）缺乏市场竞争力问题上，经营决策者看到了什么？
看到了产品层次低、技术含量低、产品单一、产品价格低；
——如果仅仅看到这个层面问题肯定解决不了。
看到了缺乏专业人才，缺乏技术要素基础；
——如果仅仅看到这个层面问题还是无法解决。
看到了产品、技术、工具、人才、供应链系统功能欠缺；
——看到了这个层面问题还是不能根除。
看到了企业发展战略、产品发展规划缺陷，产品职能系统功能缺陷，产品优化创新机制缺陷；
——才能真正解决产品（服务）竞争力不足的问题。

问题 2：为什么人才不足、团队乏力

1. 问题表象

人力资源满足不了企业发展需求；
人才缺乏、人员流失；
团队凝聚力差、价值与能力提升困难等。

2. 问题根源

（1）组织专业职能系统功能不健全
为什么有产品没技术、有服务没文化、有组织没精神？
缺乏人才培育与团队建设能力是非常严重的生死存亡问题！

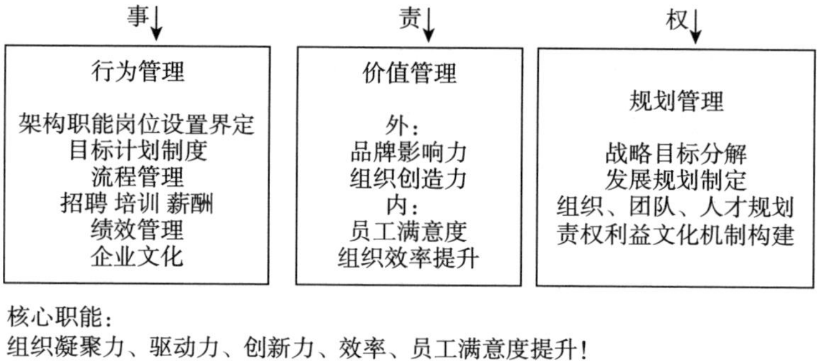

图2－4　组织运营专业职能系统要素

塑造优秀的人才、团队与组织，谈何容易？

战略发展规划有没有考虑人才、团队与组织问题？

有没有中长期人才、团队、组织发展规划？

组织建设责权管控机制是否健全？

组织利益分享、风险共担机制是否健全？

组织文化激励管理机制是否健全？

组织运营职能管理者的权、责、事是否界定分明并执行到位？

解决这些问题，才能奠定优秀人才、团队与组织塑造的基础！

缺乏这个系统功能基础，仅在人力资源职能领域内进行优化难见成效。

（2）组织职能自身专业能力存在缺陷

人力职能管理者专业能力不足，也可能引发人才与团队问题。

专业职能管理者能否把握组织运营价值核心？

经营思想融合成管理理念不容易，管理理念散发为组织文化更艰难。

运营或人力职能管理者，仅仅知道规划、组织、职能、绩效、薪酬、招聘、培训，远远承担不起人才、团队、组织的塑造职责。

忽视经营思想、管理理念，责权机制、利益机制基础；不注重员工心态、团队精神、组织氛围的引导塑造，培育不出人才与团队！

文化管理要素：
责权均衡性调整、利益公平性完善，员工满意度关注等。

图 2－5　运营职能核心价值要素

许多企业人力资源六大专业模块的工作都落实到位了；
为什么还是队伍不稳定、人才缺乏、团队凝聚力差？
职能管理自身的立足点是否高深、厚重？
组织职能管理是否追求持续改善与提升？
企业缺乏人才、团队与组织竞争力，问题不但严重而且复杂！
不从系统功能完善与专业能力提升着手，问题难以根除。

3. 问题解决思路

表 2－3　步骤与内容

步骤	内容
明确组织战略导向	确定人才、团队发展要求
设定人才团队培养目标	年度、中期、长期发展规划
界定人才团队培养责权	实施规划与计划目标考核
提升专业职能能力	实施行为、能力、精神管理升级

人才团队问题仅从组织结构、人才引进、专业培训、薪酬与绩效优化方面着手达不成目标。根除人才、团队问题，必须立足于战略规划层面、职能功能系统层面、职能专业能力层面，整体梳理、全面优化调整。

十年树木，百年树人，即使方案全面、措施有效，也不能急功近利。

4. 高管经营会讨论重点

企业是否存在人才、团队老大难问题？
为什么人才、团队问题始终解决不了？
企业考虑过战略与组织发展问题吗？
企业有具体的人才、团队、组织发展规划吗？
企业的责权、利益、文化管理机制能够支撑规划的实施吗？
企业人力资源管理是否聚焦员工满意度的提升？

5. 问题解决关键提示

决策者的经营思想格局是否有局限？
企业发展梦想是否宏大？
专业职能管理者的能力是否专业？
经营管理团队对问题解决能否达成共识？
有没有持续关注、完善组织、团队、人才培育发展工作？

问题3：为什么资金资源短缺

1. 问题表象

货款回笼困难；拖欠供应商货款；
拖欠员工工资；融资需求迫切。

2. 问题根源

资金短缺是企业生存危机的明显信号。
（1）经营资源配置管控无序
资金最大的价值是资源平衡配置工具功能。
资金通过购买方式，可以转化成以产品为代表的有形资源；

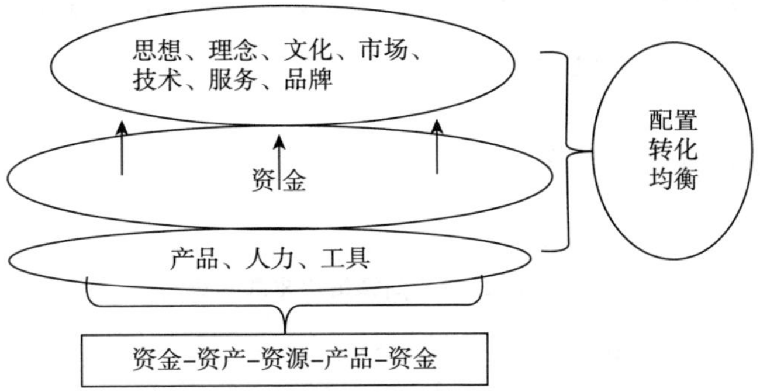

——资金是有形资源与无形资产的配置转化工具

图2-6 资金核心价值功能要素

资金通过投入要素模式，可以转化为以服务为代表的无形资源。

何时转化、如何转化、各类资源转化比例关系，是企业经营管理核心问题。

资金短缺是企业经营意识、经营流程、经营模式系统性缺陷问题；

产品、人力、设施设备资产性投入规模是否合理？

市场、技术、服务、品牌、文化等资源性投入如何管控？

利润率、资金回笼周期与盈利能力、负债水平如何均衡？

这是引发或解决资金短缺问题的根本。

（2）财务专业职能系统功能不健全

处于记账、管账财务核算层面；

忽视资产、利润、现金均衡管理；

缺失资本、资金、资产运作整体规划；

财务预算、决算对经营管理的约束力不强。

资金短缺说明企业财务职能系统功能不健全；

有没有资本与资金、资产与资源配置规划？

有没有资金预决算经营流程？

财务职能管理者有没有规划、计划执行控制权力？

财务职能管理者有没有适合企业经营规模的专业能力？

资金短缺首先源于经营意识、流程、模式缺陷；其次源于财务职能管理系统功能的不健全。

3. 问题解决思路

表 2－4 问题解决步骤与内容

步骤	内容
经营意识转变	规范流程、平衡资源配置
财务规划	资本投入产出规划
规范财务管控	严格的预决算管理
提升盈利能力	塑造产品服务竞争优势

解决资金短缺问题，其实就是解决企业盈利能力问题；

盈利能力弱导致资金短缺问题，融资只能缓解压力，无法彻底解决问题。

资金短缺问题是典型的系统性问题，在单个层面或某个模块上进行改善难以产生效果，必须从经营意识、管理模式、运营机制全方位着手完善。

经营层面，转变依赖资源规模生存意识，立足能力优势谋求发展；

战略、规划、计划管理流程必须规范；

资源配置必须严格管控。

管理层面，必须规范财务职能管控，规划、计划、预决算必须纳入职能管理；

机制层面，资本投入产出效率必须实施严格考核，避免随意性资金投入。

4. 高管经营会讨论重点

企业是否长期困扰于资金短缺？

资金短缺问题的根源在于投资过度吗？

资金短缺问题的根源在于资金调配混乱吗？

提升融资能力能否解决资金短缺问题？
如何才能从根本上解决资金短缺问题？

5. 问题解决关键提示

经营决策者深刻意识到资金短缺的重大风险；
经营决策者转变投机性盈利意识；
经营决策者调整好大喜功和赚大钱、赚快钱的心态；
企业形成解决资金短缺问题的一揽子方案与行动计划；
持之以恒地推进计划实施。

问题4：为什么陷入低价竞争困局

1. 问题表象

极力压缩成本；
依赖低价竞争；
产品同质化、低端化；
利润率持续下降。

2. 问题根源

低价竞争问题的本质是企业缺乏创新创造能力；
低价竞争的结果是企业在劳累困境中日渐衰退。
（1）经营意识局限性

表2－5　经营意识与盈利行为

意识	行为	结果
利润为中心	极力压缩成本	低价销售

续表

意识	行为	结果
客户为中心	关注并满足客户需求	整合营销
能力为中心	注重产品服务创新	价值营销

企业聚焦利润往往急功近利，通过低价竞争方式抢占市场份额，薄利多销。

这种模式导致企业极力压缩成本，挤出利润空间。结果是严重缺乏长远性、创新性资本投入，最终陷入低成本、低价格、低品质竞争生存困境。

企业聚焦客户关注市场需求，整合内外资源提升业务量，支撑企业发展。

这种模式引导企业步入商业贸易方式，关注自有产品与服务，同时整合外部资源满足客户需求，导致自身创新创造能力不足，发展受外部资源局限。

企业聚焦能力必然关注市场需求趋势，通过创新创造引领并刺激客户消费需求，促进企业的发展。这种思维模式引导企业预判市场、分析客户，注重价值创造创新能力的培育与品牌影响力的持续提升。

企业陷入低价竞争困境的根源首先在于经营意识层面低。

（2）营销导向错误或理念落后

表2－6　营销导向与销售行为

意识	行为	特征
低价竞争	努力卖产品	抱怨产品支持
整合营销	让客户满意	抱怨资源支撑
价值营销	刺激市场消费	引导产品改善

营销职能管理者如果只知道卖产品必然陷入低价竞争销售模式；

营销职能管理者如果只知道满足客户需求必然落后于市场需求；

营销职能管理者如果知道塑造市场价值必然引导刺激客户消费

需求。

不同的市场营销导向形成不同的销售模式，形成不同的竞争力状况。

（3）营销职能能力缺陷

缺乏市场发展、客户拓展、产品优化规划权力；

客户满意度、品牌知名度、市场竞争力培育责任含糊；

忙于渠道、网点、销量、订单、人员、客服事务性管控。

营销职能能力要求：

预判市场趋势，分析需求变化，规划产品、服务、品牌发展；追求客户满意度、品牌知名度，塑造精英团队、提升市场销量；业绩指标持续提升。这些是市场营销专业职能必须具备的能力要求。

3. 问题解决思路

表 2－7　步骤与内容

步骤	内容
经营意识转变	从利润经营到市场价值经营
营销导向转变	从产品销售到消费引导
营销职能体系健全	健全权、责、事管控机制
营销能力提升	追求关键业绩指标提升

陷入低价竞争困境的根源不仅仅是产品、技术、工具问题；

仅在产品、技术、工具、人才上下功夫，无法扭转低成本、低价格竞争困局。

在经营意识格局提升、市场营销导向转变、市场营销职能功能系统健全基础上，配套进行产品、技术、工具、人才的改善、优化，才能让企业走出低成本、低价格、低层面恶性竞争困境。

4. 高管经营会讨论重点

企业是否陷入低成本、低价格竞争模式困局？

企业的产品是否难以显著改善？
企业的技术水平是否难以提升？
企业的营销导向与模式是否落后？
企业的营销组织职能是否健全？
经营模式、流程、管理机制不改变，能否解决竞争模式升级问题？

5. 问题解决关键提示

能否摆脱习惯性利润经营思维困扰？
能否提升市场营销格局层面？
能否健全市场营销职能系统功能？
能否制定市场、产品、技术、人才一揽子价值提升发展规划？
能否持之以恒地推进实施并持续调整改善？

第三章　激励机制动力够不够强劲

组织管控机制决定企业创造活力；
经营格局宏大、管理体系健全——缺乏机制活力同样一筹莫展。
企业瓶颈性问题大多源于组织文化激励机制缺陷。

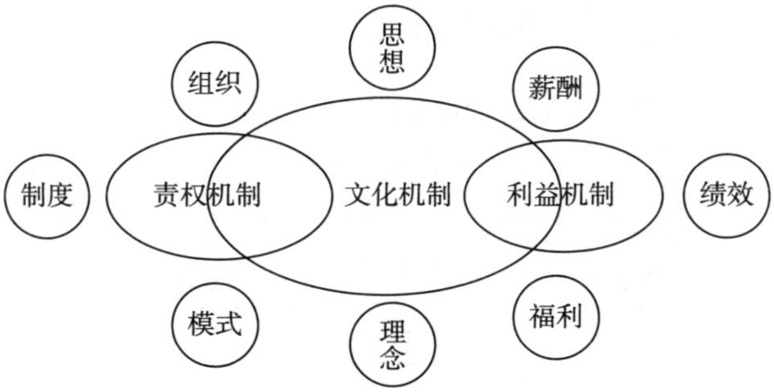

图 3－1　文化竞争力体系功能要素

看不懂这张图谱内在逻辑关系的经营者，肯定管理不好企业；或者说企业必然问题不断、困难重重！

工作心态普遍被动，战略、规划、计划完善有什么意义？
团队精神涣散，优秀的产品、完善的服务怎么可能创造出来？
组织氛围压抑，经营格局宏大、管理体系健全有什么价值？

问题1：为什么员工不努力

1. 问题表象

员工缺乏工作积极性；

工作场合抱怨现象比较多；

工作心态消极、推诿拖延现象严重。

2. 问题根源

(1) 缺乏塑造企业人的意识和能力

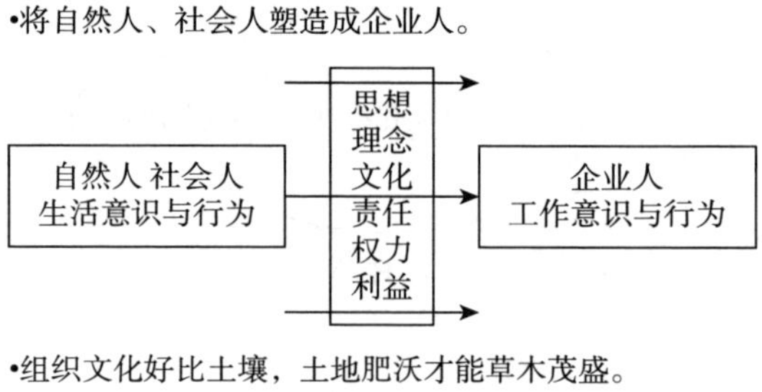

图3－2　塑造企业人

思想融合成理念，理念散发为文化，目的在于塑造优秀的企业人。

企业一切要素资源价值竞争优势都源自企业人。

心态消极的人不可能组成凝聚的团队；

精神涣散的团队不可能形成优秀的组织；

氛围被动压抑的组织不可能具备创造力优势。

员工身上没有企业风貌、企业精神特征；

员工漠视企业生存发展状况；

员工的家庭责任、社会责任意识强于工作责任意识；

说明企业未能关注并塑造好企业人；

这是工作心态普遍被动的根源。

（2）未能解决收入增长、职业发展、身心愉悦问题

表 3 – 1　现象与结果

现象	结果
收入难以增长	缺乏奋斗动力
看不见职业前景	缺乏能力提升动力
工作沉闷压抑	抱怨、回避、推脱现象普遍
对企业缺乏信心	另求发展或混日子

优秀员工的收入状态难以增长，谁还会努力优秀呢？

没有人努力成为优秀者，平庸者就会成为主体。

看不到自己的职业发展前景，谁会努力提升能力呢？

没有能力发展竞争，企业就会成为一潭死水。

对企业发展前景缺乏信心，选择离开或留下来混日子就会成为常态。

企业缺少塑造优秀企业人的理念与组织机制；

无法解决员工的收入增长、职业发展、身心愉悦问题；

工作心态普遍被动就是必然结果！

3. 问题解决思路

表 3 – 2　步骤与内容

步骤	内容
提升经营格局	塑造优秀企业人是价值经营基础
健全组织激励机制	德能勤绩全面激励
促进员工收入增长与职业发展	让优秀者持续增加收入、晋升岗位
营造和谐文化氛围	真诚追求员工满意度提升

看透塑造企业人与经营价值的关系，才能从根本上解决工作心态

问题；

知道如何实施德能勤绩全面激励，才能有效塑造好企业人；

能够持续让优秀者增加收入、晋升岗位，才能形成积极主动的工作心态；

和谐的组织工作氛围，才能让员工热爱工作、充满激情。

4. 高管经营会讨论重点

企业员工工作心态被动吗？

企业的利益分享机制健全吗？

为什么要让优秀员工持续增加收入、晋升职位？

企业工作抱怨、推诿、纠纷现象严重吗？

企业有没有持续关注员工满意度的提升？

5. 问题解决关键提示

决策者关注企业人的发展梦想引导；

企业具备责权均衡、利益公平组织管理机制；

企业形成内部良性竞争发展模式与风气；

企业人成为经营的核心价值要素。

问题 2：为什么团队不上进

1. 问题表象

部门之间隔阂严重、沟通协调复杂；

部门内部关系不协调、矛盾纠纷多；

各自为政，相互掣肘，士气消沉。

2. 问题根源

团队问题受到个人工作心态的严重影响；

团队问题受组织整体风气的严重影响；

团队精神涣散的主要因素在于目标、价值、能力、利益管控模式缺陷。

（1）有没有共同的努力目标

企业有经营目标设定，职能模块、部门、部门分支团队有没有目标？

经营管理目标分解不合理、不细致，容易导致团队工作状态涣散。

（2）有没有价值责任界定

企业盈利状况良好，大家都有功劳，谁的贡献大、谁的贡献小、谁拖了后腿？

产品缺乏市场竞争力，是生产的责任、技术的责任，还是营销的责任？

这些问题界定不清，导致团队缺乏奋斗精神。

（3）有没有业绩指标管控

企业营收增长 20%、利润增长 22%，营销、制造、人力、采购、财务、新业务、研发及各部门下属模块，有没有具体的业绩指标？

没有明确的业绩指标管控，团队工作动力肯定不足。

（4）有没有利益分配依据

企业达成经营管理目标，奖金有多少、有多少人提升薪酬、哪个部门应该分配多少、谁应该提升薪酬？

这些问题没有依据，还需要讨论、沟通、协调，团队精神必然涣散。

3. 问题解决思路

（1）设定与分解目标

目标设定、分解、管控、评估决定企业团队关系基础状态。

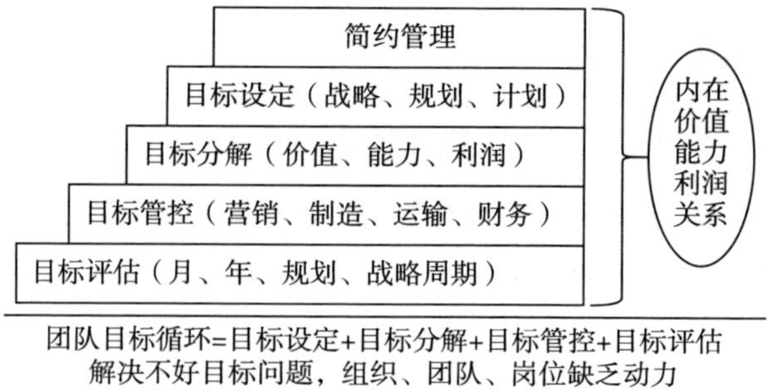

图3－3　团队管控核心与关键

市场与服务目标，产品与技术目标，人才与团队目标，资金与资产目标；

部门模块目标、岗位个人目标、利润目标、成本目标、效益目标；

目标分解合理、管控严谨、评估及时，企业团队关系才能协调。

（2）明确利益分享业绩指标

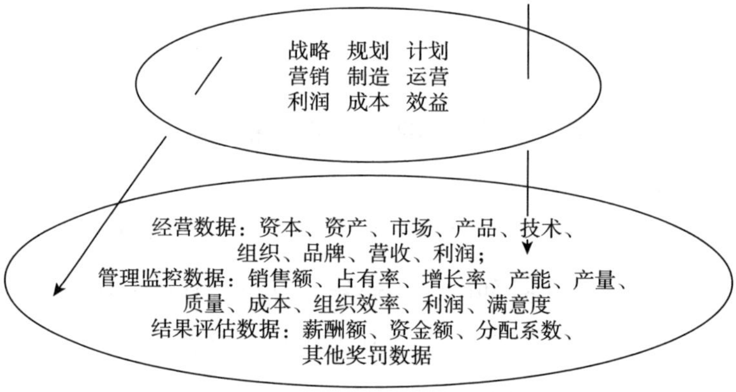

图3－4　处理好目标数据与业绩指标及利益分配的关系

经营数据系统针对企业组织整体市场价值培育。

价值数据与能力指标一脉相承，数据是指标的依据，指标是数据的结果。

经营数据包含资本、资产、市场、产品、技术、品牌、能力等增减状况；

管理指标包含销售、产量、效率、利润、成本升降等结果；

业绩数据包含薪酬增减、奖金增减、晋升与降级比率等。

缺乏数据指标系统支撑的利益分配，只能带来无休止的纷争与矛盾，导致企业团队关系复杂、沟通协调困难、团队精神涣散。

4. 高管经营会讨论重点

企业是否存在部门沟通协调困难的问题？

为什么部门之间无法形成相互支持的工作关系？

企业给团队设定的工作目标明确吗？

企业的价值贡献评价有依据吗？

企业的利益分配有价值贡献、能力发挥依据吗？

5. 问题解决关键提示

经营决策者提升团队精神，塑造意识格局；

做几场培训、喊几句口号解决不了问题。

企业能否完善价值目标与责任管理；

企业能否完善业绩指标与利益分配机制；

企业是否关注员工心态与组织风气的引导、改善。

问题3：为什么组织无斗志

1. 问题表象

人员稳定性差、流失率高；

人际关系复杂、工作问题多；

工作气氛沉闷、心情压抑。

2. 问题根源

工作风气沉闷、氛围压抑，说明企业组织机制功能存在严重缺陷。

表3-3　原因与现象

原因	现象
经营规模与管理模式矛盾	决策者管得太多、管不过来
工作意识、目标冲突	经营管理团队意见不统一
责权、利益管理混乱	相互抱怨、互相指责
文化激励功能缺失	好坏不分、优劣无异

（1）管理模式与经营规模不匹配

经营、管理、执行各层面岗位人员工作繁忙、问题繁多、压力增大；

抱怨、纠纷、逃避、推卸现象普遍，工作氛围压抑、气氛沉闷。

决策者一竿子插到底，导致过程管控混乱、管理关系复杂、问题处理效率低；

管理者拼命应付指令，面对问题无所适从；心绪烦乱、气氛压抑。

（2）工作意识与目标不统一

对环境、市场、发展策略看法不一致，无法达成共识；

对管理模式、方式，问题处理想法不统一，难以协调行为；

甚至形成意识、意见帮派，相互较劲、掣肘、对抗；

沟通艰难、工作劳累、身心疲惫，工作氛围被动、压抑。

（3）责权、利益管理混乱

有权无责，到处指挥、随时指令，导致无序；

有责无权，有心无力、被动承受，得过且过；

上级指责下级、下级抱怨上级，大家都很委屈；

薪酬提高了、奖金发放了却抱怨之声四起。

（4）组织文化管理功能缺陷

宗旨、使命、价值、精神贴在墙上；

心里想一套、嘴上说一套、实际做一套；

优秀者没有利益增长与职业发展优势；

平庸者没有收入与机遇损失。

3. 问题解决思路

组织工作氛围与风气是企业生存发展趋势风向标；

氛围活跃预示着发展；风气向上意味着活力充沛。

氛围压抑、风气负面，预示着企业将步入衰退期！

氛围压抑、风气负面，涉及经营格局、管理体系、组织机制系列因素。

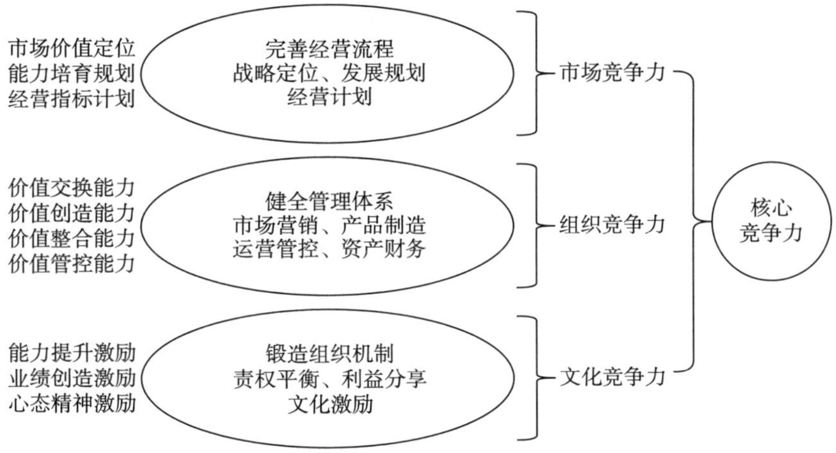

图 3-5　健全价值创造竞争力体系

市场、组织、文化竞争力体系功能的构建完善，似乎是专业理念、模式、方法问题，其实是经营格局、价值眼界、能力规律认知问题！

思想保守、理念固化、眼界局限性大，企业无法构建和完善竞争力体系！

4. 高管经营会讨论重点

企业的组织氛围压抑、工作风气负面吗？

企业的经营管理问题多而复杂吗？

企业的盈利持续稳定吗？

企业是否存在责权抱怨与冲突？

企业是否存在利益分配抱怨与纠纷？

5. 问题解决关键提示

经营决策者是否关注组织风气与工作氛围？

经营决策者能否看透风气被动、氛围压抑背后隐藏的危机？

经营管理团队能否达成解决组织氛围与风气问题的共识？

经营管理者是否具备从价值、能力、活力层面全面优化的认知？

第四章　企业问题与乱象面面观

1. 经营意识问题

一是商人意识。

经营理念唯利是图，什么赚钱做什么，怎么赚钱怎么做。

企业被眼前利益牵引，严重缺乏价值和能力长远利益筹划投入。

经营了数年、数十年，还是跌跌撞撞爬不起来。

二是老板意识。

决策者事必躬亲，对谁都不放心，除了自己似乎谁都不行。

没有规范的制度流程，即使有也流于形式，所有人必须按老板的指令行事。

企业达到一定经营规模之后，遭遇发展瓶颈，怎么努力也不能扩大。

——过度依赖政策支持

关注政策导向、捕捉政策导向成为企业生存发展的核心。

忽视企业社会价值、市场价值、客户价值及自身的价值创造能力！

——过度依赖市场机会

决策者的心思与精力倾向寻找市场机遇、等待市场机遇。

忽视企业市场价值、创新能力的培育积累、沉淀。

——过度依赖社会关系

企业生存发展状态取决于社会人脉关系。

缺乏依靠自身市场价值竞争力推动企业发展的意识。

2. 管理理念问题

客户、朋友关系等，占据经营管理者大量的时间、精力。

目标都会设定，但完不成总有理由可谅解；

制度都不少，但实实在在执行到位的不多；

责任界定都清楚，可是追责行为却很少。

岗位业绩评估、个人能力评价，凭感觉、看现象。

经营管理复杂、烦琐、劳累，甚至混乱。

——唯命是从的管理风气

没有人敢违背领导的指令；不敢表达自己的工作意见。

缺乏群策群力、众志成城的精神风气。

——利益平衡的分配习惯

奖励优秀者，首先考虑不要让大家感觉落差太大；

优秀者变平庸，平庸者变懒散！

——管理重心不突出

高层管理者想管什么就管什么，几乎没有不管的事情。

中层管理者的责任界定、职能界定，成为一种形式或摆设。

客户满意度提升、绩效模式改善、成本管控优化等工作无力推动。

——流程烦琐、效率低下

员工请一天事假要经过四个层级的上级签字；

采购一个几十元的物件，申购人员跑了两天还没完成审批；

一批产品返工因费用承担问题，财务、生产、质量、技术、采购争执不休。

——协调难度大、组织内耗高

采购部门因一批物料略低于验收标准，重新采购又耽误生产出货周期。

生产部门需要质量部门验收入库，质量部门要技术部门调整标准设定，技术部门要生产部门提供标准调整参考数据，最后形成解不开的问题死结。

3. 激励机制问题

——能力提升与职业发展障碍

一个人从基层岗位，通过努力步入高层管理岗位的概率几乎为零。

再努力、再刻苦、再勤奋，也不可能得到期望的结果！

——财富收入增加困难

很少给能力提升快、业绩突出的人员持续进行薪酬晋级。

平庸者图舒服，优秀者另觅高枝。

——心态与精神需求被忽视

不满、失望、抱怨情绪普遍。

缺乏价值成就感、职业归属感！

4. 资源配置问题

——资源价值取舍缺陷

重视有形资产，忽视无形资源；

重视市场客户，忽视服务、品牌价值支撑；

重视组织形态，忽视能力、责任价值支撑。

有产品没技术、有市场没品牌、有组织没能力。

——资源价值管控缺失

重资金、销售、产量与质量，客户开发维护、成本与费用、工作量等管理。

轻资本效率、品牌影响、产品更新、技术价值、组织能力、员工满意度管理。

——资源价值评估缺陷

知道资金、利润、成本、人员与组织规模大小等如何评价。

不懂品牌、技术、能力、文化价值等如何评估。

不知如何评估怎么进行管控？

不知如何管控、如何进行价值培育。

缺失品牌、技术、能力、文化价值的培育，企业还谈什么竞争力培育？

问题 1：规模与能力问题

离开国家的政策性支持与保护，还有多少企业能够抵御全球性竞争？

剔除低成本低价资源消耗性竞争，又有多少企业能够立足国际市场？

在物资匮乏、市场空间大的经济环境中，企业都不缺乏竞争力；
在市场饱和、产能过剩环境中，有价值竞争力的企业非常少。

1. 小企业为什么长不大

小企业通常分布于门槛低、资本要求不高、技术含量低的加工或服务行业。

做点针头线脑、纸巾、尿布、棉签、口罩、衣帽鞋袜之类的产品，或提供餐饮、物流、清洁等服务。基本依赖劳力或劳务价值竞争生存，主要竞争方式就是拼资源成本、比产品服务价格。企业基本没有市场价值创造力，市场消费量的起伏波动很容易让他们伤风感冒，甚至一命呜呼。

丈夫是总经理、妻子是财务总监、兄弟姐妹各管一块的企业非常多。家就是企业、企业就是家；有时家庭矛盾直接影响企业经营管理，企业经营管理问题直接影响家庭关系。这种经营管理模式，企业发展不起来很正常；经营规模不大都问题不断、障碍重重，规模稍大一点，企业内部就乱了。

小微企业要想获得市场竞争力，关键在于转变家庭小作坊经营管理模式。多数小微企业始终做不起来的原因，并非在于资本、技术、人才资源的局限，而在于意识、眼界、价值经营管理体系的显著缺陷。

2. 规模企业为什么遭遇发展瓶颈

中型或规模化企业起步较早，抓住了市场机遇，又具备一定的经营管理能力。多数具备产供销完整业务链，在迅猛发展的过程中沉淀了一些资本、资源价值优势。目前这部分企业大多遭遇了发展瓶颈，发展速度明显放缓，甚至经营规模萎缩。这种现象似乎受外围市场饱和度的影响，其实并非如此。

中型企业的经营规模背后，并非是与之相匹配的市场价值创造力或竞争力。多数企业达到现有规模，得益于市场机遇的牵引，得益于政策支持的保护。看上去规模大，其实没有与规模相匹配的价值与能力。一旦外部市场饱和度达到一定程度，或自身经营规模达到一定程度，企业的老大难问题越来越多，不可避免遭遇难以突破的发展瓶颈。

这类企业最缺乏的是市场客户价值竞争经营导向，以及专业化职能竞争力培育管控体系。有些企业市场营销能力强，可是技术与产品研发能力短板明显；有些企业技术、产品开发能力具备优势，可是市场营销能力特别弱；有些企业技术、产品、市场能力都不错，可是运营管控能力短板明显。存在专业职能短板的中型企业非常多，这是大批中型企业停滞发展，甚至衰退的根源。

3. 平台型企业为何困难重重

大型企业具有雄厚的资本与资产实力，人才、技术、品牌优势明显，而且多数具有行业或区域显著经营优势。这类企业的经营管理比较规范，内部管理体系比较健全。由于具备资本、资产、政策支撑优势，甚至市场与行业经营性保护。企业组织中的官僚气息普遍比较重，经营管理效率比较低。严重欠缺市场化组织管理与工作激励驱动机制。

大企业不能解决好内部工作驱动机制功能问题，看不到远大前程。

市场格局、经济环境、竞争模式已经发生了根本性转变；

市场空间大，找机会、拼资源的时代已经过去了；

产能过剩，拼价值、比能力的时代已经来临！

平庸或竞争力薄弱者、价值能力缺陷明显者，必须要有客观而清醒的认知。

问题 2：理念与观念问题

政策驱动与调控市场机制，让房地产业、基建工程业持续辉煌，所以企业经营管理者普遍认为，政策支持是生存发展的核心因素。庞大的市场迅速吹大了一批企业，因此企业经营管理者普遍认为，市场机遇是生存发展的关键因素。

把握政策与市场机遇的观念与理念，成了企业经营管理意识的主流。

物资匮乏、市场充裕的经济环境中，资源外求成为企业的主要竞争发展模式。因此，人情关系成了企业生存的根本。产品与服务都差不多，关系才是根本。在这种环境中，人才、团队、机制的价值并不突出。

特定环境下产生的理念与观念，在经济发展模式转型和市场更替趋势中，将限制许多企业的持续发展！

1. 经营管理意识滞后

未来，企业生存发展从机遇、政策、资源、人脉外求主导模式，转变为价值、能力、机制体系内求主导模式。

过去的经营认知观念、理念，无法满足新发展趋势要求。

过去的认知局限，将严重阻碍企业的自我价值与能力完善发展。

企业经营管理者普遍关注，什么地方有不错的投资机会，什么行业可能成为下一个风口，如何找到更好的合作关系与合作机会？普遍用商业贸易和投机意识来经营管理企业。未来，这种认知局限性非常可怕，将成为许多企业形成市场价值与专业能力竞争优势最大的隐形障碍。

有些企业规模并不大、实力并不强，可是建材也做、地产也做、医疗器械也做、教育培训也做。不仅做了这么多行业，还在想着要进入哪些更好的行业。这样的企业不少，真不知道他们究竟能做好什么？

在市场饱和度不大的时候，也许这类企业还能找到一些养家糊口的机会，往后能不能活下去，就看能否突破这种经营管理意识局限了。

2. 人脉关系价值认知偏见

企业决策者或高管，要么在拜访，要么在接待，要么在联系安排拜访和接待。未来，继续依靠构建社会人脉关系生存发展，将成为非常大的认知误区。企业不具备市场价值竞争优势的时候，社会关系无法维系企业的生存发展。人脉关系只能在封闭的市场领域中让企业多少赚点钱，却无法让企业在开放的市场环境中竞争发展。

封闭市场领域只会越来越少，依托政策与社会关系生存的企业必须要有清醒的认知！市场开放程度的持续提升，企业经营管理者必须首先关注自身市场价值的培育与提升。没有价值创造基础支撑，关系拓展会变得越来越无意义，反而容易将企业引入歧途，难以修成正果。

3. 效率与效果认知偏见

物资匮乏、市场空间大，资源就是利润；埋头苦干、忙乱，更多地获取资源就是创造利润。企业注重效率没什么问题。因此，管理者更关注大家在做什么，够不够忙，而忽视做与忙带来的最终效果。

喜欢员工加班加点，全力付出，至于付出产生什么价值与效益，反而被忽视。看见下班之后办公室灯火通明，他们就满心欢喜，看见员工准时下班则若有所失。没事也要找点事给员工做，他们认为只要闲下来就是资源浪费。

产能过剩、市场机遇难寻的竞争环境中，资源整合行为未必产生利润。未来，没有明确价值目标、效益标准的行为，很可能成为瞎忙、假忙、徒劳无功。

做什么、够不够忙并不重要，行为产生的价值与带来的效益至关重要！

4. 资源与机制认知偏见

资源与产品竞争时代，人才、产品、技术就是企业的核心经营要素；

价值与能力竞争时代，流程、制度、机制体系才是企业核心经营要素。

过去，企业做不好，百分之百的经营管理者认为缺乏产品、技术与人才；

几乎没有人能够清醒认知，企业经营管理体系功能存在缺陷。

未来，企业竞争从产品、服务、技术、人才等资源层面，提升为市场价值、价值创造能力层面；企业通过购买产品、技术，引进人才，并不能塑造和形成核心竞争力优势。

价值与能力全面竞争时代，经营管理机制体系存在缺陷，有产品不一定有利润，有技术、有人才也不一定能够创造价值；经营管理体系功能健全，没有产品、技术、人才等资源优势，也能够通过流程、制度、机制体系功能锻造出来。

未来，优秀的企业经营管理者必须看穿这一层价值因果关系。

市场机遇从来都不缺，如果企业有足够的价值与能力优势；

政策支持和保护无法持续，如果企业没有价值与能力竞争力基础；

靠人情求来的合作关系不长久，靠自身价值吸引的业务关系才能持续；

员工在做什么并不重要，重要的是取得了什么结果；

人才等要素资源从来都不缺，缺的是要素资源价值挖掘与塑造机制。

问题3：模式与习惯问题

环境与趋势改变之后，经验与习惯可能成为最大的生存发展障碍。

一言堂、事必躬亲，唯命是从、为人处世，政策推动、市场机遇、资源红利，野蛮生长、快速扩张，胆量、魄力、苦干、蛮干，关系、人脉、取巧、借力等经验习惯难免留下时代烙印。

时代持续推进、趋势不断变换，经验可能过时、习惯可能落伍，顺应时势、更新经验、改变习惯才能持续生存发展。

1. 经验习惯模式束缚

传统文化意识、巨大政策红利、广大市场空间、巨量消费推动，企业在四十年爆发式发展过程中，获得了许多经验、形成了诸多固有习惯。不少经验与行为习惯，有悖开放性市场价值与能力竞争规律。

面对未来发展趋势与竞争格局，企业经营管理者，如果无法提升认知、改变习惯，持续生存发展可能只是梦想。大环境、大趋势改变之后，尽快遗弃过时的经验，改变不合时宜的习惯，成为企业经营管理者的艰巨任务！

2. 一言堂的危害巨大

家天下、家长制的传统治理文化理念，在企业经营管理中同样自然体现。这种习惯性管理模式，不利于企业在开放的市场环境中，充分形成和发挥组织价值创造、创新能力。

核心决策者，通常主导企业的一切管理事务。

决策者个人能力决定了企业组织的整体能力。

企业必须打破一言堂的组织文化氛围束缚，才能促进创新与创造氛围的形成。

一言堂管理模式下，几乎所有的下属都不需要大脑、不需要主见、不需要有想法，听话、照做、执行就是好下属。一言堂习惯性管理模式无法突破，企业的市场创新竞争拓展难以取得成效。

3. 眉毛胡子一把抓的负面影响

与一言堂组织文化氛围相对应的管理风格，往往是眉毛胡子一把抓。

管理的显著特征就是制度多、规矩多、管得细、管得多。

制度规矩不成体系，朝令夕改或重叠，甚至冲突。

组织权责不清晰，或界定清晰，执行也含糊，结果就是忙乱状态。

鸡毛蒜皮的事情，消耗了管理者的大量时间、精力。

因为管得多、管得细，反而影响了许多重要甚至核心工作的开展。

4. 形式主义将断送企业的前程

瞎忙、假忙，非常恰当地形容了形式主义现象。

管理工作的普遍方式是布置任务、下达指令。

一味地执行工作指令，能否让下属形成自主自动自发的意识与行为？

员工都很忙，因为上级的工作指令频繁下达，甚至朝令夕改、前后矛盾。

工作繁忙是好事，但忙的结果无法提升利润、成本、效益指标都是假忙！

行为如果不能创造价值，不能带来利润，不如取消行为节省成本。

5. 持续沟通协调等于内耗

许多经营管理者强调沟通，最喜欢沟通协调，又最困惑于沟通协调。

无论大事小事，无论决策、管理、执行，无论职位高低，大家总是在开会、在讨论、在沟通、在协调。沟通、协调、推动、督促成本高，工作效率低，组织内耗严重。

目标、计划、方案确定之前，交流、沟通、分析、讨论等的确重要。

目标、计划、方案已经实施，还要不断沟通、讨论、协调就是内部消耗。

强调沟通协调是经营管理的固有经验，持续沟通、讨论、协调是企业管理的不良习惯。这种经验和习惯，说明企业的梦想、目标、行为不连贯，目标、计划、责任指标体系不健全。

问题 4：眼界与认知问题

把经营目光聚焦政策是一种成见；

将盈利结果寄托市场机会是一种短见；

将企业发展立足人脉关系是一种偏见。

行业持续整合，市场成熟度提升，在全球性开放市场环境中，企业必须深刻认知市场价值与资本增值规律。健全市场客户价值经营系统功能，完善市场客户价值创造能力培育体系，将生存发展寄托市场价值与专业服务能力竞争。

1. 看不透价值与能力

市场第一、客户第一；

只是标语口号，具备市场与客户价值创造能力的企业比较少；

靠政策支持或资源垄断生存发展，不可能具备强烈的市场竞争意识；

靠市场机遇生存发展，把握市场机遇比创造客户价值更重要；

靠人脉关系生存发展，市场与客户价值就等于人脉关系。

曾经的汽车销售4S店，如雨后春笋般遍地生长；没有哪家4S店的业务量不增长，没有哪家4S店的日子不好过。时过境迁，如今的4S店日子多艰难，有多少已经关门倒闭了？即便如此，也没有看见有多少4S店创新业务模式、服务模式，关系营销、价格战依然是主要手段。

行业市场趋于饱和，行业产能明显过剩，政策、机遇、关系因素无济于事；多数企业停滞发展、衰退，甚至倒闭是必然的结果。企业经营管理者，如果不能深刻认知市场价值与价值创造力为企业的根本，将是企业面临的最大危机。

2. 看不懂流程与规律

缺乏规范的价值战略流程，没有系统性能力培育规划与计划。

战略发展规划管理，要么好高骛远，要么随波逐流。

把战略发展规划弄得高大上、复杂，却无法落地。

或者无所谓什么价值定位与能力规划。

决策者每年都有新的想法，大家照着决策者的想法做就好了。

想法、计划、指令之间没有目标、内容、责任连贯性。

企业没有准确具体的市场定位、客户定位。

企业为谁服务、客户需要什么、企业提供什么服务、企业创造什么价值等都含含糊糊。目标都不明确、不清晰，最终企业会成为什么样子谁都不知道。

市场价值目标不清楚，怎么可能培育出市场客户价值创造能力呢？

3. 看不透目标与纲要

权力高度集中，无论组织规模大小，所有人围绕核心领导人的想法转。

请示、汇报是管理者的工作意识、工作习惯，甚至是工作技巧。

领导没有指令与指示则无所适从。

说话、做事都察言观色、见风使舵，工作目的就是让领导认可。

工作价值或工作能力，缺乏数据指标衡量，领导的感觉就是标准。

无论执行者还是管理者，主要工作目标就是让上级领导满意、舒服。

没有价值数据、能力指标，有多少人真正为企业和客户创造价值呢？

说空话、表决心、假忙、假积极、做表面文章，看起来大家都很忙，很多工作都没有产生利润或价值。

文山会海，单独沟通、多人探讨、跨部门协调是主要工作方式。

沟通协调效率低、成本高、内耗大是普遍存在的痼疾。

推诿、推责、扯皮、打太极的人多，而且能力强。

发展目标空洞，缺乏具体的价值与能力标准。

企业有三年、五年发展目标，可是产品、市场、技术、品牌、人才、组织、文化、资金、资产等具体目标比较含糊。市场、产品、技术、人才、资本等要达到什么程度，缺乏确切的数据标准依据。

没有定位、缺乏标准，自然陷入做事管事浅层经营管理模式。

4. 看不见驱动力障碍

责权失衡，多数人都成为听话的孩子，不会主动改善现状。

有些问题管理者清楚该如何解决，可是无权解决；

还要承担工作被动、能力不足的责任。

利益纠纷普遍，多做少做、拼搏与懈怠之间没有利益分配差异。

薪资不公平不仅不想办法解决，还采取保密制掩耳盗铃。

工作目标不统一，公说公有理、婆说婆有理，都站在自己的立场评估问题。

客户流失，营销说产品不好、价格太高；

生产说营销能力不强、技术研发不行；

技术说人才进不来、资金支持不够；

人力说各部门不配合人才培养与稳定，人员流失太快。

工作驱动机制处于混乱状态，还谈什么价值创造，能够活下去就不错了！

问题5：经营格局问题

要求企业经营者具备使命情怀，规范经营、系统管理都是强求。

没有梦想难以致远，目标含糊无法聚焦，行为散乱效率低下。

全面竞争时代，企业不能格局狭小、缺乏情怀，否则难以持续生存发展！

1. 格局局限

缺乏梦想、没有雄心壮志，只想赚点钱。

拥有财富之后，内心迷茫。钱够花了，赚钱干什么？

企业没有梦想，组织没有目标，员工则缺乏激情。

企业没有梦想或者不能给员工梦想，混日子的人就会成为大多数。

眼里只有钱则目标不坚定，什么赚钱就做什么，始终被市场机会牵着鼻子走。

甚至克扣工资，欺骗客户，损害合作者的利益，最后走进死胡同。

意识上看不透市场客户价值培育与利润结果的关系，行为上则不可能立足长远、谋篇布局、修炼内功。用最廉价的劳动力、最便宜的原辅料、最简单的设备，生产加工最廉价的产品。

风调雨顺的市场环境，目光短浅、胸无大志的企业也能赚钱。

时代不同了，企业即使今天赚钱，明天可能就无钱可赚。

2. 情怀狭小

一竿子插到底、眉毛胡子一把抓是普遍的管控模式。

主管、经理没权力，即便是总监、总经理也没什么权力。

几十人、几百人，甚至上千人都成了提线木偶，谈什么价值与能力？

人管事、人盯人。一个人做事另一个人盯着，盯人的人还需有人督促。

这似乎是笑话，但在经营管理中十分普遍。

没有思想情怀、没有社会责任感、没有使命感，心里、眼里只有鸡毛蒜皮的事。管理上就难免婆婆妈妈，甚至疑神疑鬼。

扩张格局、培育情怀，是许多企业经营管理者必须弥补的短板。

3. 角色错位

经营者管得太多——

未能将战略定位、发展规划、经营计划，捏成相互衔接的经营流程；

凭感觉、拍脑袋决策，东一榔头西一棒子，朝令夕改。

经营者没有承担自身角色责任，还不是最可怕的事情；

最可怕的事情是经营者，往往还要抢管理者的角色。

战略定位不稳定、发展规划不具体、经营计划不详细；

经营者天天都在谈管理，结果管理状态一直混乱，无法理顺。

管理者无所适从——

定位不稳定、规划不具体、计划不详细，管理没有目标和依据。

战略、规划、计划都写在纸上，贴在墙上，成为形式上的摆设；

目标约束性不强，或者目标没有分解为管理评价数据或依据；

管理者没有目标、缺乏数据、指标依据，就只能变成无头苍蝇。

管理者常常要面对经营者抢角色、替代管理的诸多烦恼。

专业者无戏可演——

经营替代管理，管理替代专业。

专业者只能按指令干活，即使有专业能力也会被荒废，久而久之自然无能。

财务主管对资金的管理够专业，预算也有、计划也有，可是领导不按规定执行；最后资金运行出现障碍、遇到问题，财务管理专业能力体现在哪里？

久而久之，企业可能连财务预算、资金管理计划都不做了。

经营失位、管理错位、专业无位问题很严重，这不是危言耸听。

问题6：管理模式问题

纲举目张、源远流长，道理简单实施不易。

什么是纲什么是目，什么是源什么是流，经营管理者似乎都明白。

战略定位、发展规划、经营计划为纲，管控目标、实施指标为目；

核心纲要散乱，过程行为必然无序，一切繁忙都事倍功半、效率低下。

资源价值、组织能力、文化活力为源，营收利润、成本费用、效率效益为流。

产品不值钱，能力不足，风气被动，利润、成本、效益结果必然不尽如人意。

经营者该想什么、该做什么、该管什么、不该管什么？

管理者该关注什么、该督促什么、该评估什么？

企业经营管理纲目不能朦胧，否则过程管控被动、困惑、烦琐、混乱！

1. 管理浮于表象

拉关系、找资源，跑市场、拜客户、求订单，下指令、提要求、跟进度，调资金、买材料、盯过程，开会、招人、协调，抓迟到、管串岗、严纪律、管环卫，关注跑冒滴漏、关注加班加点、关注工作饱和度、关注流言蜚语等。

管理者不能忙于这类低层面的事务性工作。

建制度、理流程，调架构、定职责，忙招聘、抓培训，调薪酬、设绩效，追销售、扩产能、抓产量、管质量、盯效率等。

这个层面也只是企业价值与能力管理的外壳。

许多管理者无论层级高低，基本上都忙于这类事务的管理。

2. 管理繁杂混乱

管得太细、管得太多、管得太繁、管得太杂、管得太乱。

企业经营管理者，天天谈组织创造力的培育，产品竞争力的规划，市场竞争力的提升，品牌影响力的扩大；这些东西仅仅在规划文本中，在会议讲话中，在标语口号中，而没有具体措施与办法融入每个部门、每个岗位的工作行为。

笼统的甚至难度大的目标都有，但日常又陷入事务性的皮毛管理状态。

高层忽视价值管理、中层忽视能力管理，大家都关注事务性管理；

看起来都很忙，管得严、管得细，而竞争力、效率、效益难见起色。

3. 意识管理散乱

看不到未来美好、不相信明天会更好，混日子就是必然的心态与行为。

办公区、生活区、生产区都有企业文化宣传内容；

贴标语、喊口号、搞活动，基本上是企业文化建设的标配。

文化管理行为基本浮在表面，无法激发员工内在的精神动力。

员工最想要什么？

收入增加、能力提升、职业发展、工作愉悦，企业能否解决这些问题？

如果解决不了利益增长、能力发展、氛围和谐问题，员工的意识中就没有工作信念，就无法解决内在精神动力问题！

4. 资源管理凌乱

眼睛能看见东西都能管理到位。

有形资产可以审视、辨别、评估，因为这都是钱。

可以卖钱或可以用钱购买的资源，企业都能关注并管理好。

企业稳定经营、持续发展，根本上不取决于用钱购买的资源！

企业老大难问题，几乎都无法用钱解决。

忽视无形资源价值的培育与积累，导致企业形成瓶颈性问题。

关注资金、产品、人员、组织、设施设备、原材料等资源，忽视市场、技术、能力、品牌、服务、文化等资源，导致经营管理要素资源配置凌乱、失衡。

知道技术的重要性，但如何提升技术价值，不清楚；

知道能力的重要性，但能力如何配置、管理，不清楚；

知道服务、品牌、文化的重要性，但这种投入能省就省。

没有服务能力、品牌影响力、文化竞争力，企业还指望什么来支撑竞争发展？

人如果阴阳失衡就是病了，企业有形与无形资源价值配置也一样！

有产品无技术、有市场无服务、有人员无能力、有团队无精神、有组织无文化等问题出现之后，企业必然停滞发展，甚至衰退！

下　篇
如何避免障碍和解决问题

企业有问题并不可怕；

可怕的是解决不了问题；

解决不了问题的关键是看不透问题。

偶然问题、点与线层面的具体问题形成常态之后；

从点、线层面进行改善无法消除；

必须从格局、体系、机制深层面进行优化升级才能解决。

中国社会经济发展模式全面转型；

为什么要全面转型？

市场饱和、产能过剩、竞争升级，资源消耗性高速发展模式遭遇发展瓶颈。一带一路建设，立足国内与国际双循环，提升经济发展质量等，就是要解决面临的问题，保持持续发展！

企业为什么会出现问题？

经营管理系统不配套、体系机制不完整；

企业问题的解决的难点就在于扩张格局、提升眼界！

系统不配套、体系机制不健全引发运行问题；

格局不大、眼界不高导致模式体系落后或不健全。

企业问题的根源与解决办法都在这里！

第五章　决策者能否见风使舵

不关注环境变化趋势的企业，随时可能遭遇屏障、陷入衰退期。
面对环境变化没有相应行动的企业无法良性发展，总是捉襟见肘。
认知环境变化，并且胸有成竹的企业通常比较优秀，问题较少。

行业将如何发展？
市场将如何演变？
社会经济将如何起伏？

很多经营管理者都会关注这类问题，但仅仅是关注而已；
部分经营管理者不仅关注，还根据环境趋势制定一些调整策略；
少数企业将未来趋势与经营管理体系、机制优化有机融合。

格局高远、眼界开阔的企业，根据环境趋势要求持续推进内部体系机制的优化与变革，保持竞争发展模式与环境趋势的和谐。这样的企业自然顺风顺水，良性循环发展。

多数企业形成某种经营模式与管理习惯之后，无论环境如何转变都一如既往，难以改变。这类企业往往问题多多、障碍重重。

不知顺应趋势，难以推动变革的企业，缺乏解决深层次或老大难问题的基础。

问题1：企业是否有自知之明

凡事有因果。

今天的状况归因于昨天的意识与行为；

明天的状态取决于今天的思想与行动！

市场饱和、产能过剩、发展瓶颈、衰退现状；国际合作壁垒与贸易冲突，疫情、市场消费波动等；让不少企业经营管理者劳累、困惑，甚至迷茫。

四十多年的市场机遇，让许多企业野蛮发展、无序竞争、根基不稳。

企业经营管理者首先必须自我认知；只有头脑清醒，才能方寸不乱！

遭遇瓶颈、陷入困境却不知原因，那么未来就是一片迷茫！

1. 是否深刻了解自己

没有自知之明最可怕，不幸的人、困惑的企业都是如此！

不知道自己的分量，不清楚自身的价值与能力优势、缺陷与局限。

今天弄不清自身前因后果的企业，明天肯定只能随波逐流！

中国企业的市场化竞争历程很短，几年、十几年，最长的不过四十几年。

欧美企业市场化竞争发展历程至今有二百年。

市场化竞争发展历程短，自然具有速生速成的特征。

企业竞争发展历程短——

没有经过市场经济环境起伏波动的反复洗礼；

经营风险意识和抗风险能力比较差；

模式、体系、机制不够成熟或完善。

企业经不起市场波动风险，社会经济一波动倒闭潮就烽烟四起。

大家摸着石头过河或生搬硬套别人的模式方法；

能够形成成熟的经营管理体系或模式的企业非常少。

引进学习六西格玛、平衡积分卡、ERP、精益生产、阿米巴经营等；推广海尔模式、娃哈哈经验、华为与阿里巴巴经营理念与管理方法等。

学习多、培训多、理念多、模式多、方法多，经营管理者学了不少东西；

碎片化学习培训，难以形成整体性内涵认知，人云亦云现象普遍。

企业经营管理模式与机制差异大，五花八门。

经营管理者对自身体系基础的薄弱性要有清晰的认知。

不要以为是集团、控股集团，有董事局，营收能做上百亿就成熟而有能力。

没市场价值创造能力，体系机制基础薄弱、抗风险能力差的企业非常多。

2. 清楚游戏规则差异吗

开放市场经济体系的驱动机制核心是资本；

市场经济驱动平衡机制的核心，不是资本而是政策。

资本驱动与政策驱动，是两种截然不同的资源配置机制与模式。

在政策驱动市场环境中生长的企业，不一定适应资本驱动市场竞争模式。

对这种差异性认知不足，有碍于企业在日益开放市场环境中生存发展。

经营者首要关注的不是市场需求，而是政府的政策导向。

多数企业组织中都设置了专门了解政策和获取政策利益的部门或岗位。

甚至专门为企业提供政策利益获取服务的经营机构遍布大街小巷。

这种习惯性经营意识，让企业难以形成以市场需求为导向的核心竞争力。

企业很少依靠提升自身价值竞争力吸引资源；

依靠相关政策低成本获取资源，是经营管理者的普遍认识。

有什么好项目、新技术、好产品，就想到疏通关系去获取、低成本购买。

很少关注自身技术能力、产品能力、人才能力的培育与积累。

普遍存在走捷径、投机取巧意识；求快、求大而忽视价值与能力基础。

独特的市场机制，让企业注重政策价值经营，而非市场价值经营；

利润似乎不在市场客户中，而在政策要素资源中。

3. 能否正视问题与缺陷

今天，中国汽车工业企业中，有多少外资、合资品牌？又有多少纯民族品牌？

这是外资企业通过自身技术、品牌、资本优势打开市场的一个缩影。

资本主义全球市场扩张持续了一百多年，应该说很不容易。

大量中国企业起步于二十世纪九十年代，至今不过三十几年。

多数企业起步层面低，锅碗瓢盆和简陋厂棚，手工劳力就是起步状态。

企业起步时，国内庞大的市场一片空白，只要有产品就不愁没销路。

面对成熟的国际市场，依赖价格低廉的要素资源优势所向披靡。

国内、国际两大市场的巨大牵引与推动，让企业轻松生存、野蛮生长。

企业经营价值、管理能力不足，竞争力薄弱状态下，也能迅速崛起、扩张。

起步晚、层面低、扩张快，留下了一些难以消除的发展隐患——
重投机获利，轻价值创造力；
重利润获取，轻竞争力培育；
经营粗放随意，管理繁杂琐碎等。

一是习惯捕捉市场机会，忽视价值与能力培育。

介入地产行业没有不赚钱的道理，通过投资地产而赚了钱的企业到处都是。

一听说政府支持新能源发展，大家就一哄而上投资新能源产业或行业。

获利的主要模式，不是创造市场价值而是获取政策补贴；

政策补贴一取消，一大批相关企业就倒闭了。

二是普遍存在赚大钱、赚快钱的经营心态。

实体企业资本流入地产、股市、债市进行投机的现象，的确太普遍了。

倒买倒卖资源也成为企业盈利的主要方式；

心无旁骛专注自身业务领域价值创造与能力提升的企业实在太少。

这就导致企业市场价值核心竞争力普遍偏弱。

三是习惯低成本竞争，缺乏产品、技术、服务、品牌价值创造意识。

企业面对低价竞争，大多采取压缩成本的方式；

许多商品的价格低得超乎想象，你都不知道它们是如何做出来的。

产品、服务、技术、品牌、人才、团队等在盈利中的功能作用并不大；

竞争历程短、驱动机制不同、起步晚、层面低、扩张快，形成的习惯性经营管理意识理念、模式方法，将成为企业未来发展的包袱与障碍！

问题 2：决策者能否预判趋势变化

政策驱动，巨大需求，成本优势，塑造了庞大企业群体和低端同质巨大产能。

——这是经济高速发展时代的特殊产物。

市场饱和、产能过剩，成本优势丧失，传统企业及过剩产能何去何从？

——这是经济与企业发展面临的现实问题。

经济时代转折期，企业正面临市场新旧交替！

政策驱动机制依然动力十足，政府大量投资推动经济运行、拉动市场消费，但这不是长久之计。经济转型发展要求产业升级、市场新空间发展，要求企业经营转型、管理升级。国内市场创新、消费需求创新，国际高端市场拓展、市场价值创造，要求企业快速培育形成创新能力。

传统企业不破旧立新肯定没有出路。墨守成规、认定经验、幻想市场好转，最终只能断送企业的未来。经济环境、市场趋势已经发生转变，企业能否迅速变革、适者生存？

1. 能否适应变化

一百年前能吃饱穿暖就是幸福，那是一种消费市场基础状态。

十年前谁曾想过，一部手机可以蕴含并满足全部的生活需求？

现在又有谁想过，将来家庭办公可能成为工作的主流方式？

人工智能、数字化网络技术的持续发展，将带给传统工作方式、就业市场、消费市场什么样的变化，现在依然可以充满期待与想象。

从自然经济到智能经济发展周期，跨越了人类文明的整个历程。柴草作为主要燃料伴随人类几千年，太阳能才几十年。煤炭、石油、天然气、核能、风能等燃料动力方式都出现于近代。人类社会最近一百年的发展跨度，大于人类几千年的历史历程。

经济环境持续变化，企业经营管理意识、经验、模式必须相应调整。否则，经验与习惯必然成为继续生存发展的障碍。

2. 是否意识到时代不同了

社会经济、市场需求、技术创新发展变迁的速度与节奏越来越快。

原来更新一款汽车需要几年，现在天天都有新款车上市。

原来行业或产业运行模式基本稳定，现在新模式、新路径天天都在产生。

这种变化趋势明确告诉企业经营管理者，故步自封或不善于变化没有未来。

企业赖以生存发展的市场环境变化更加恐怖。

国内市场从空白到逐渐饱和甚至恶性竞争，不过三四十年的时间。

比如家电、汽车、家居、手机等消费市场。四十年前谁家有电视、冰箱、空调或开放式厨房，谁家有汽车，又有谁使用手机？想想几亿个家庭、十几亿人口，多大的一个市场？短短几十年这个市场就被填满了，饱和了！

不仅仅是家电、汽车、通信市场，中国各行业或产业的市场状态都是如此。

市场饱和本身并不可怕，恐怖的是被市场牵引形成的巨大产能无处消耗！

现在我们甚至很难想出，还有什么产品或商品不过剩？

从生产力不足到生产力过剩，是企业普遍面临的严峻问题！

3. 能否创新创造发展空间

市场空间大，产品生产出来、销售出去就是企业的生存与发展模式。

市场逐渐饱和，产品生产出来销售不出去需要提高市场营销能力；

市场饱和，产品没有价值优势，只能依靠低价销售；

产品同质化、低价恶性竞争，成本管控与组织效率则成为生存关键；

避免同质化低价竞争需要创新产品，产品创新需要技术，技术需要人才支撑，人才、团队塑造需要人力、职能、能力等，企业经营管理要素要求越来越多！

未来，发展的关键在于构建市场价值体系，培育产品服务创新创效能力。

问题是习惯了依赖市场机遇的企业，能够培育出市场价值与能力优势吗？

淘汰落后产能的大趋势无法逆转，即使政策性保护也只是暂时的。

什么是落后产能？存在同质竞争的产品都是落后产能。

尽快培育出市场价值创造能力；突破传统市场，创新市场、创新消费都需要企业尽快完善价值经营、健全能力管理体系机制！

4. 是否意识到竞争者无处不在

中国被冠以世界工厂的称号，国际市场对企业的生存发展至关重要。

政府不仅要求企业积极主动走出去，同时开放的大门将越来越大。

未来，无法应对全球市场竞争的企业，在国内市场也找不到生存发展之地。

中国企业靠什么打开国际市场？

第一不是产品、第二不是技术、第三不是品牌、第四不是人才。

企业是依托国内廉价的要素资源，以及政策支撑优势步入国际市场。

在国际市场，多数企业处于容易被限制与取代的低端消费品层面。

时至今日，要素资源价格、政策支持优势日渐削弱。

立足低端市场，向中高端市场挺进，是企业不可回避的竞争问题。

国内市场饱和、国际市场竞争优势消退，企业面对腹背受敌的双重压力。

经济与市场环境变化告诉企业，从不足到过剩，市场发生了根本性转变；要持续生存发展必须要实行变革与创新。没有危机意识、变革意识、创新竞争意识，一如既往地依靠老观念、老习惯、老经验经营管理则可以确定企业没有未来！

问题3：企业能否把握主流趋势

物竞天择、适者生存的竞争法则无法改变。

经济环境发展的前因后果与来龙去脉预示——

企业加速分化、行业快速整合、市场创新发展的三大趋势不可逆转。

企业生存发展的分化现象已经显现——

强者更强、优秀者更优秀，弱者更弱、平庸者更平庸；落后者被淘汰出局。

不久的未来，许多传统企业将面临生存与消亡的分水岭。

企业分化意味着行业的整合与集中——

市场这块蛋糕一直都在，变化的只是吃蛋糕者的数量与分配结构。

小散乱的行业状态，将向七国争雄、三足鼎立，甚至一枝独秀过渡！

消费市场扩张趋势不会改变，改变的只是扩张形态与模式——

从无到有、从有到多、从多到侈，从饥饿到温饱、从温饱到丰盛、从丰盛到挑剔，消费欲望没有止境！饱和的是传统市场，扩张的是新兴市场。

生存分化、市场集中、创新发展趋势，企业经营管理者必须持续关注。

1. 如何顺应趋势持续生存

未来或东或西、或南或北，顺应潮流趋势的企业才能持续生存；

物质匮乏时代，企业粗制滥造不顾品质；

物质过剩时代，企业不惜成本追求品质；

产品、服务、市场、品牌全面竞争时代，企业只关注产品；

人才、团队组织能力竞争时代，企业依然看不见文化功能价值等。

诸如此类现象，说明企业无法顺应趋势。

企业经营管理者必须弄清楚，企业将会面临一个怎样的未来？

这就是识时务、看天时，就是企业昌顺的基础。

2. 你清楚竞争模式演变与升级的方式吗

市场饱和、产能过剩状态下，有企业衰亡，也必然有企业崛起。

市场经济体系的核心是竞争发展，竞争的结果就是强者更强，优秀者更优秀，落后者被淘汰出局。企业是市场经济体系的主体，企业的分化趋势，也是市场经济体系循环竞争发展的必然结果。

随着市场开放程度提升，或全球市场一体化竞争趋势的发展，越有能力的企业市场竞争力越强，资本、人才、品牌价值越容易积累，市场份额越来越大、生存发展空间越来越广阔。实力弱的企业则竞争力越弱，资金、人才、技术、品牌方方面面捉襟见肘，生存发展空间不断被挤压。

竞争模式落后，活不下去的企业自然越来越多。

如何顺应趋势升级竞争模式？

模式一，适合物质匮乏市场环境，企业生产皮鞋，等待批发商、代理商、零售商上门提货；

模式二，适合市场饱和同质竞争环境，企业生产皮鞋，寻求批发商、代理商、零售商压价销售；

模式三，适合市场饱和差异竞争环境，企业生产皮鞋，自主销售；

模式四，适合产业升级市场竞争环境，企业不仅生产皮鞋、销售皮鞋，还设计皮鞋、宣传品牌；

模式五，适合全方位市场价值竞争环境，企业不仅要设计、生产、销售、宣传皮鞋，还要关注客户、消费者的感受，整合技术、人才、工具、文化资源，满足甚至刺激客户千差万别的需求。

以上五类生存竞争模式，就是中国企业演变升级的大概路径。

企业的演变速度跟不上市场需求就会被淘汰！

3. 你想过三足鼎立或一统天下形态吗

一个行业就像一个世界；

在中国，无论哪个行业都存在小、散、乱的生存竞争格局。

一是工业园区特别多、企业数量特别多、多数企业规模特别小；

二是产品服务同质化现象特别严重；

三是习惯成本价格竞争，严重缺乏产品与服务差异化创新能力。

未来各行业将在激烈竞争中，快速整合、融合、统一。

资源向优秀者倾斜集中的态势，未来会越来越明显。

鱼龙混杂、群魔乱舞的行业乱象必然整合集中。这不仅仅是社会经济转型发展的要求，也是产能过剩、市场饱和环境中，企业生存竞争发展的必然结果。

在行业整合、优化、集中趋势下，企业要么做大做强，要么做精做专！

不久的将来，中国多数行业将形成数家品牌企业瓜分主体市场份额，其他企业细分市场的行业竞争发展格局。

4. 为什么说不缺市场机会

天天谈产能过剩、企业过多，似乎所有的企业都难以生存下去。

这种分析判断是基于传统产业、传统产品、传统服务模式。

从市场需求发展趋势分析，国内、国际市场将持续地处于发展扩张状态。

一是生活水平持续提升，人们的消费需求会同步增长。

女人的衣柜根本塞不进去衣服，但还是持续购买。只要条件允许，换车、换房都是必然选择。当然，陈旧的产品、没有新意的服务无人问津。

二是技术创新带来的产品与服务更新换代，将促进市场需求的持续扩张。

从 3G 到 4G 更换了一批手机，从 4G 到 5G 又必须更换一批手机。未来的市场扩张之路，大体遵循这样一条技术发展路径。互联网、物联网、区块链、人工智能、数字经济、新能源、量子原理等新技术的创新运用，淘汰的不仅仅是产品，更新的不仅仅是行业，甚至是人们的消费方式、生活方式。这种市场发展扩张的巨大容量，不亚于曾经的空白市场。

未来市场机遇不会普惠所有的企业，只垂青那些能够跟上市场需求发展步伐，又具有足够创新能力的企业。

企业活下去，必须依赖别具一格的产品与服务。

企业想拥有美好的未来，市场价值创造能力优势是必备基础！

问题 4：未来不可回避的两极化趋势

产能过剩为企业的整合发展带来了重大机遇。

有实力的企业应该快速推进业务链或产业链横向整合；

价值整合不能贪便宜、求规模、好大喜功，否则带来的是规模包袱。

实力不足、生存困难的企业，应该迅速推进内部价值整合；

剔除边际业务，清理低效资产，聚焦核心价值发展。

1. 为何专业化才能生存

术业有专攻，是中国人最传统的谋生理念。

剃头匠、木匠、石匠、厨师、医师等传统职业称谓，充分体现出专业特征。

什么是匠？什么是师？为什么国家再次倡导工匠精神？

企业未来发展，除了国际化、全球化、规范化——

更重要的是，专业化发展趋势与导向。

市场一体化融合发展，始终伴随着市场需求的持续细分。全球性竞争将使市场细分程度越来越高、越来越细。市场需求差异化越来越大，产业分工同样越来越细。这是企业专业化发展趋势的环境背景。

无论是市场客户需求，还是产业链分工合作，都要求企业高度专业化。

面对成熟的国际市场和日益饱和的国内市场，要想获得市场订单，或真正能够满足客户需求，没有一定专业能力、专业水平的企业将无法企及。产品同质化、低成本、低价格竞争模式已经进入死胡同，高度专业化才能让企业走出死胡同。

2. 为何专业化才能创造价值

物资匮乏时代结束，温饱问题解决后，消费需求越来越高、越来越精细。

原来有食物填饱肚子就行了，所以企业只要生产出食品就一定能赚钱。现在人们面对五花八门的食品，总是精挑细选。营养成分、口味、外观、品牌、流行趋势，甚至包装等，消费要求与需求都不同。

现在企业要制造出一款，让消费者有价值认同的产品，非常不容易！

企业持续生存发展的唯一道路，就是专注市场客户价值的创造。缺乏市场价值创造力就难以生存，更谈不上发展的问题。企业具备客户关系好、人脉资源广、成本价格低等优势；如果专业能力得到提升，产品与服务价值迎头赶上，无论在国内创新市场还是在国际拓展市场，都将获得源源不断的生存发展机遇。

企业专业化发展的核心是价值创造能力；

如果企业承揽的业务还有很多公司可以做，客户凭什么一定给你做？

专业能力就是你能做的业务别人做不了，这就存在核心技术壁垒的构建问题。如果企业拥有自己研发的核心技术，这种技术壁垒就能够逐步构建起来。全球有一定影响力的企业，专业能力都是行业中数一数二的；缺乏专业技术水平、专业服务能力的企业，在市场创新和全球市场竞争中只能跑龙套。

专业能力除了技术壁垒的构建，主要体现在虽然大家都能做，但我做得更出色。专业性更出色不是喊口号或做品牌宣传体现出来，而是能够有实实在在的性价比数据告诉客户。比如成本更低、质量更好、交货周期更短、功能更强大等，如果你的数据有优势，说明你的专业能力更强。

面对未来生存发展，没有一定专业能力优势的企业，或出局，或被整合只是迟早的问题。

3. 千载难逢的挑战与机遇

除少数政策保护的行业，绝大多数行业都存在小、散、乱竞争状态；

三五个人的公司，十几个人的企业遍布大江南北。

行业资源结构布局散乱现象，其实是中国产业发展比较严重的问题。小、散、乱意味着无序竞争、恶性竞争，也意味着更快、更大范围、更高程度的整合优化和淘汰。行业甚至跨行业兼并整合是未来一段时期，企业迅速扩张、做大规模、形成平台效应，行业集中度迅速提升的必然趋势。

兼并整合是优质资源重组，直接一点说就是弱肉强食。

资源与价值整合扩张，比传统的产供销一步一个脚印、一点一点积累扩张发展模式更快捷。不少企业的资产一夜之间翻番。在兼并整合成为发展趋势的状况下，必须提醒企业的兼并整合者，兼并整合虽然有利可图，但同样风险巨大。

如果在别人手上是闲置资产，在你手上也用不上成了负担或包袱。

如此整合，看似企业规模扩张了，实则多了累赘。

不少企业兼并整合之后元气大伤，甚至一命呜呼者都有。

企业资源整合一定要围绕自身核心价值塑造需求进行；如果有好大喜功、贪便宜的心态，很容易陷入陷阱或背上包袱。如果企业本身就问题不断、障碍重重，兼并整合得越多就死得越快。企业如果只是有钱，经营管理体系不够健全的状态下，兼并整合的步伐最好慢一点，小心消化不良引发大病，得不偿失。

整合发展是中国企业的天赐良机，但机遇与风险同在！

4. 能否果断断尾求生

已经陷入衰退，或生存遭遇困境的企业，无能也无力进行整合扩张；

最佳战略方式选择是主动推行自我价值优化。

未来，行业竞争生存状态，必然形成数家平台性企业为主体，大量专业性企业为辅助的运行态势。平台化企业依靠规模、品牌、资本实力占据市场主导地位，专业性企业依靠技术、成本、产品优势竞争细分市场。

没有实力成为平台性、规模化行业龙头的企业，目前必须及时进行自我价值优化。精兵简政、瘦身，集中资源与精力往专业化方向发展。

首先，进行专业价值和细分市场定位；

其次，根据定位要求尽快梳理剔除业务，精简调整组织，压缩运行成本；

最后，适当增加资源配置，着手专业化能力培育。

目前，不少陷入衰退的企业，几乎都在压缩成本、精简组织。

多数企业是迫于生存压力而被动瘦身，苟延残喘、垂死挣扎，期望熬过冬天，等待市场或经济环境好转而起死回生。

有这种念头的企业几乎没有未来！

主动进行价值优化，尽快培育专业能力才是脱困崛起的可行之道。

问题5：企业有没有实施变革优化

物质匮乏、市场需求旺盛，企业竞争立足于资源层面——

自然资源、矿产、人力、土地、资金为核心竞争要素。

市场饱和、产能过剩，企业竞争立足于产品层面——

产品、技术、人才、服务、品牌为核心竞争要素。

价值创造、市场创新，企业竞争立足于能力层面——

营销能力、产品服务创造能力、团队组织塑造能力为竞争核心要素。

企业竞争层面升级意味着竞争范围的扩大；

从地方区域竞争扩展到国内竞争，从国内竞争扩展到国际竞争；

从简单的资源性外求竞争发展，升级为复杂的能力性内求竞争。

企业的竞争将不局限于石油、粮食、矿产资源，汽车、电脑、机电设备，衣、帽、鞋、袜，土豆、鸡蛋、水果产品；企业的竞争将延伸至产品、技术、工具，市场、服务、品牌，人才、团队、文化，乃至经营管理体系机制功能的全面竞争。

企业生存发展的影响因素，不仅仅局限国内的产业、行业、企业发展政策；全球经济、金融、资本变化状况，资源、技术、文化发展状态等都将影响企业生存发展状态；企业的对手遍布全球每个角落而且看不见，企业的资源分布全球各地，价值链结构延伸到每个国家与地区。

1. 只有产品或服务能活下去吗

企业要持续生存发展，必须参与全方位立体化竞争。

竞争层面升级步伐跟不上的企业肯定首先被淘汰；

竞争范围局限于区域与国内的企业也迟早被淘汰。

行业集中度提升，市场创新发展，将持续推动企业竞争层面的升级。

最早，有资金、场地、产品、劳力，企业就能轻松生存甚至快速扩张。

后来，只有产品还不够，企业还必须具备工具、技术、人才要素才能生存发展。

而后，有好产品还不够，还需品牌与服务支持，必须具备市场、文化专业职能。

未来，企业仅有资金、设施设备、产品、人力、技术、市场、服务、品牌等竞争要素，还不能确保企业持续生存或发展；企业的竞争层面必然上升至市场价值创造、组织创造能力，或价值经营与能力管理体系机制功能层面；仅仅立足资源层面优势，无法保障企业成为优秀者和领先者。

2. 要树立全球竞争意识

未来，企业竞争层面从点到线到立体化发展；

从资源竞争到能力竞争再到体系机制功能竞争的持续升级；

竞争升级大趋势不可逆转状况下，企业的未来之路该怎么走？

企业立足产品竞争、成本与价格竞争、市场与客户竞争，肯定走不远。

经营管理者只能看见国内市场竞争状况，局限身边的几个竞争者，还眼巴巴盯着政府的政策扶持，注定无法优秀。企业的战略与规划布局、成本与效率比较、资源配置范围、技术与工具优势、产品与品牌价值等，都必须站在全球市场竞争的角度来衡量。

竞争力提升步伐跟不上节奏，缺乏能力走不出去，别人也要走进来；

你不能抢夺别人的市场，别人就一定会抢夺你的市场。

市场竞争法则与规律无情。

3. 深刻认知现有模式的落后性

抢到了资源就等于赚到了利润。

快速扩张、野蛮发展过程催生了低价值、低能力、粗放经营企业。

几台织布机和一个大棚就是一家纺织公司；

几口锅和几个水池就是一家食品公司；

几台注塑机加几台模具就是一家制品公司；

几张工作台加几套工具就是一家电子厂等。

产品不愁销售、订单主动找来，织布机几台变为几十台、几百台、几千台，营收几十万变成几百万、几千万、几亿，购地、建厂、上设备，宽敞明亮的厂房、富丽堂皇的办公楼都有了。

低层次规模繁荣表象背后，缺乏的是市场价值经营意识的同步提升。

注重争取政策支持而忽视企业的市场价值经营。

资本运作、劳动保障、财务税收、安全环保，养成了非规范意识与行为。

投机钻营意识导致企业经营行为低效混乱。

劳资、安全等方面存在非规范行为的企业，招聘困难、人员流失严重。

企业是被市场机遇吹大的，严重缺乏竞争力意识；

企业是被政策支持做大的，严重缺乏市场价值经营意识；

经营意识与模式缺陷，将成为企业创新拓展市场，持续生存发展的重大障碍！

4. 必须推进经营模式转变

传统消费市场饱和度越来越高，各行业普遍性产能过剩；

企业营收萎缩，衰退，走投无路甚至倒闭趋势无法避免。

依靠产品打市场的时代已经过去了；

成本低价格竞争生存模式已经落伍了。

依靠政策扶持生存，躺在政策摇篮里的企业还有很多；

指望政策支持维系生存发展的经营管理者更多。

不能摆脱投机钻营、见缝插针的市场机遇经营意识；

不改变小作坊非规范经营行为模式，企业的经营转型实效难以彰显！

迅速转变固有经营意识与习惯模式，是不可回避而紧迫的现实问题。

创新发展趋势下，继续抱着陈旧经营意识与模式的企业，必然断送未来！

5. 务必明确转型升级重点

经营转型的根本要求在于意识、理念、习惯的改变。

管理升级重心在于价值与能力提升驱动机制健全完善。

没有经营转型无法实施管理升级，没有管理升级，经营转型就是空头支票。

梦想、目标、行为之间缺乏价值串联；

战略、规划、计划之间难以有效链接；

意识散乱、各怀心事、内耗严重、问题普遍。

组织管控机制不健全的企业，难以形成强大的市场价值创造力。

企业经营转型的根本——

转变资源、政策、机遇经营意识，树立市场价值、企业价值经营理念；

不再注重政府政策导向，不再期望市场天赐良机，不再渴求赚快钱、大钱，关注市场客户价值需求，创造市场价值与社会价值。

企业管理升级的根本——

改变行为、表象、事务性管控模式，聚焦价值、目标、能力要素管理；

不再关注做什么、怎么做，关注价值目标、组织能力，行为结果管理。

企业价值竞争有法则，能力发挥有规律；违背法则、不合规律的经营管理意识与行为，让企业问题多、效率低。

企业起步基础差、价值层面低，但几年就发展成为集团公司，资产数十亿、人员数千；这类速生型企业普遍存在经营规模与管理能力失衡的严重问题。企业规模非常可观，外表非常气派，但深入了解与品鉴之后，很容易发现规模与质量、形象与能力严重不匹配。

战略跟着市场盈利机会走，什么赚钱做什么。企业自己都找不到市场价值定位，更不清楚自己需要什么核心竞争力？发展规划随机调整，拍脑袋决策，想一出做一出。企业的客户是谁？客户需要什么？企业需要怎样的客户服务能力？

这些问题都不清楚，企业组织能力如何塑造与管理？

发展规划无序，资源配置肯定混乱，资产乱、资金乱、人员乱、组织乱。

不同的行业需要不同的资源配置，不同的资源配置形成不同的专业服务能力。企业什么都想做，结果什么都做不好，混乱是必然结果。

从政策需求导向，向市场价值创造导向转变；

从寻求市场机遇导向，向塑造价值创造力导向转变；

从工作行为管控导向，向工作目标管控导向转变。

——这是企业经营转型、管理升级的关键目标任务！

市场竞争力导向，要求企业转变政策导向、市场机会导向、低成本竞争导向的固有思维与行为模式。战略定位、发展规划、经营计划，以市场客户价值为核心，进行定位、设计、分解、实施。

组织竞争力导向，要求企业完善管理无目标、无依据、无数据、无指标的散乱、低效缺陷。营销、制造、运营、财务职能管理体系，以市场客户价值创造力培育为目标；市场、产品、技术、工具、人才、组织、资金、服务、品牌等要素资源的配置，以创造市场需求、满足客户需求为依据。

文化竞争力导向，要求企业避免一言堂、一竿子插到底的专制陷阱，打破利益平均主义状况，鼓励创新、激励创效，培育积极、主动的工作精神与和谐、愉悦的工作氛围。构建完善责任与权力均衡、价值创造与利益分享公平、文化鞭策与激励有力的组织内部管理机制。

市场价值定位不清晰，缺乏市场竞争力的企业难以生存发展；

专业能力目标不明确，缺乏组织竞争力则市场竞争力没有基础；

精神涣散、气氛压抑，缺乏文化竞争力的企业发展动力无以为继。

这是企业面向未来生存发展，必须全面完成的管理系统升级任务。

问题 6：决策者能否高瞻远瞩

市场空白、成本价格优势明显，为企业发展提供了良好的发展机遇。

过去——快速起步、迅速扩张、求快求大不失为成功经验；经营管理者普遍形成心大、欲望强，急功近利的心态。

产能过剩、行业整合趋势，带来企业发展的两极分化。

未来——规模化平台性企业依靠资源品牌实力竞争生存；小微化专业性企业依靠专业能力竞争生存；没有专业能力又没有实力优势的企业生存难以为继。

开放、竞争、突破、发展是没有选择的必由之路。

把握发展趋势、明确自身定位，正视一切挑战、反省自身不足；

尊重市场规律、立足价值创造，规范经营流程、健全管理体系；

激情创造梦想、信念坚定目标、坚韧驱动行为。

经营管理者的情怀与视野，将决定企业在大变局中的发展态势。

未来，高瞻远瞩不仅仅是政治家的情怀与素养。

1. 见风使舵见什么风

未来企业的生存发展空间，来自创新带来的市场消费；

缺乏创新能力的企业，走不出市场饱和、产能过剩的生存发展困局。

未来产业与市场发展趋势，包括创新市场、国际化合作、全球化竞争；

产业与资源，资本与金融，市场、产品、技术、人才、品牌、劳务全球一体化竞争将越来越激烈。在国际市场竞争中无法立足的企业，最终在国内市场同样生存艰难。

不要以为企业在一个偏僻的工业园区，就无法链接全球。现代经济社会已经没有国界，义乌一个小城市十几年前就已经链接了全球市场。时至今日，企业经营管理者如果还有区域性、行业性、国界性思维局限性，那么肯定缺乏主动适应发展趋势的意识与心态。

现在是一个网红一天可以带来数亿元销售额，一个新产品问世可以颠覆一个传统行业的时代。汽车可以飞、玻璃可以吃、心脏可以换等都已经不是梦想。如果企业还局限自己的桌椅板凳、锅碗瓢盆，没有新视野、没有新创造，说不定哪天就活不下去了。

——这不是危言耸听，每个企业经营管理者都必须具有更广阔的竞争生存视野，才能确保企业持续生存与发展。

未来行业与产业变化趋势，包括法律法规的规范化执行，市场监管机制日趋严格，小散乱产能态势逐步规范集中，行业门槛越来越高等。搭个棚子、架口锅就能生产药品；假冒伪劣、粗制滥造也能销售；12小时工作制、无周末、无节假日；账随便做、税随意报的时代已经过去了。不要还是习惯踩黄线、打擦边球获得一点蝇头小利；不要习惯偷工减料、坑蒙拐骗谋取利润；不要指望还有更好的市场机遇可以牵引企业发展。

许多曾经成功的经验与习惯性行为，在大时代背景趋势下已经落伍。企业经营管理者必须认知趋势，转变经营思想与管理理念及工作行为。否则，无法适应未来竞争发展趋势。

等待、困惑、焦虑无济于事，不知求变、不主动创新就只能走进死胡同。

未来一个时期，企业竞争发展变化趋势，一定是市场客户价值创造能力专业化，规模扩张发展价值整合化，企业组织结构经营规模小微化，经营管理体系规范化、简约化。

无论企业将要采取什么战略策略，价值与能力专业化都是企业未来生存发展的基石。无论大企业、小企业，缺乏专业价值与专业能力基础支撑，未来生存发展之路一定艰辛。

你的汽车轮胎只能跑六万公里，别人的汽车轮胎能跑十万公里，你的企业还能活下去吗？如果你有专业能力，你制造的汽车轮胎能跑十五万公里，想想你的企业将获得怎样的发展机遇。市场无限大、人才不是问题、资金不在话下，关键是你有没有这种专业能力。

如果企业真有实力与能力就抓住机遇整合行业资源、扩张经营规模、提升平台实力，船大抵御风浪的性能毕竟更高。国内产能过剩状态，为优秀企业提供了难得的整合发展机遇，千万不能轻易错过。

更多的中小企业必须主动放弃做大规模的梦想，转变赚大钱、赚快钱的传统观念，专注做专、做精、做强，夯实自身的经营管理基础，适应未来竞争生存发展趋势要求。

你曾经做到年营收十个亿的规模，又做产品生产、又做产品销售、又做售后服务、又做人员培训，还做配件采购供应。现在营收日趋下滑，利润日趋减少；你是借钱维持等待机会，期望市场再度好转，还是尽快“瘦身”，集中资源寻求新的发展突破口呢？

做加法建平台也好，做减法提升能力也罢，以市场客户价值为核心，健全经营管理体系功能机制，是企业适应未来生存发展趋势普遍需要夯实的基础。企业想要长远稳定生存发展，必须高瞻远瞩、认知趋势，并调整理念、模式，转变习惯行为，主动适应未来发展趋势，千万不能抱残守缺、坐以待毙。

在经营管理眼界上，必须具备全球化、国际化视野。战略布局、资源配置、产业延伸、竞争力培育等，不能仅仅局限区域内、业内、国内。企业现在的竞争对手，无法用传统思维模式发现并判断出来。没有全球化、国际化、技术化、专业经营视野的企业，不可能拥有长远的稳定的美好的未来！

2. 见风使舵使什么舵

企业经营管理者首先要调整经营意识与理念。

空白与蓝海市场机遇已经过去了，不要再期望什么产品都供不应求；

政策保护与支持无法持续，中国市场开放程度只会越来越高；

人脉关系可以让企业赚钱，可是无法让企业持续生存发展；

要素资源很重要，没有能力要素资源就没有价值。

忽视价值与能力基础，求快、求大、急功近利、投机钻营只有死胡同。

经营意识与理念不转变，无论企业目前状态如何都必然被时代淘汰！

企业必须规范经营管理模式与行为。

存在明显法规执行缺陷或漏洞的企业，必然遭遇无法预见的风险。

企业在劳资、税务、环保、安全、行业规范等方面消除法律法规风险，是未来生存发展不可缺少的运行基础。企业如果连这一点基本功都练不成，何谈竞争生存发展。

存在内部运营系统性缺陷的企业，无法形成价值竞争力优势。

有产品制造能力而缺乏市场营销能力，有技术研发能力而缺乏转化落地能力，有技术、有产品优势而缺乏人才、团队、组织优势等。价值运营体系功能不健全的企业，同样难以拓展未来发展空间。

经营管理非规范化现象严重的中国企业，如果不能尽快实现价值经营与能力管理的规范化，肯定难以培育出市场竞争力。其结局要么衰退、挣扎，要么被整合或被淘汰！

企业必须提升市场价值创造创新能力。

企业必须在核心竞争力方面，形成提升专业化价值与能力。

没有专业能力的企业无法创造市场价值，无法形成市场竞争力优势。

同一款产品上千家企业在生产，同一种服务几百家竞争对手在抢，这样的企业别说发展，就连生存都将陷入困境。同质、低价恶性竞争模式下生存的企业，其实是慢性自杀。

发展模式方面必须注重兼并整合方式。产能过剩，企业兼并整合是最快最有效的资源重组和规模扩张方式。整合扩张与积累发展模式，好比露天煤矿和地下深层煤矿的区别，其开采周期、成本、效率、效益差异非常大。在产能过剩、行业整合的环境趋势中，企业如果能够抓住大好机遇，真的可以实现一夜暴富的梦想。

生存策略方面必须关注小微化优势。无法与大企业正面抗衡竞争的中小企业，想拥有美好的未来必须采取小微化经营策略。强求做大很可能累死在半途中，无法看见长远未来的曙光！

没有什么机遇值得等待，焦虑、担忧无济于事；

创新、突破、创造、发展就是企业永远不会失去的机遇！

第六章　企业如何主动推进变革优化

企业转型升级主流趋势：

过去，外部资源获取、整合是企业经营管理的核心。

未来，内在能力、价值创造力体系机制为经营管理的核心。

企业生存发展环境发生了根本性转变，持续生存发展的出路——

在于创新市场空间，通过产品、技术、服务创新，刺激消费新需求。

转型升级面临的主要问题：

一是市场体制、机遇、企业扩张模式、路径，形成的惯性思维与行为模式。

二是企业价值与能力经营管理体系化、规范化基础相对薄弱。

三是经营格局局限、激励机制缺陷，导致组织创造能力难以全面释放。

四是产品、技术、服务、品牌等核心要素资源价值竞争力不足。

明确趋势、厘清问题，才能更好地采取策略！

1. 没有选择的必由之路

健全市场竞争力体系机制，是企业未来生存发展的必由之路。

目前陷入衰退状态的企业，不要指望熬过冬天，市场机遇的春天还会到来。

没有市场价值创造力的企业，未来不可能再有市场机遇的春天。

社会经济、产业结构、行业形态、消费市场等未来发展趋势，要求企业必须迅速聚焦自身的市场与客户价值创造力建设。摒弃固有经验，改变原有意识与习惯，对外不期望市场机遇，不热衷政策支持与人脉关系；对内不依赖岗位人才、不期望忠诚团队，实实在在健全价值经营管理体系机制功能，才是企业未来生存发展的可靠保证。

培育、形成、保持竞争力优势，是适应未来发展趋势最核心的策略！

2. 必须遵循市场价值规律

构建市场价值竞争力，必须理解掌握并遵循市场价值规律。

无论社会经济如何起伏，产业结构如何变化，行业形态如何发展，消费市场如何演变，企业生存发展的市场价值规律永恒不变。只要企业遵循市场价值规律经营管理，任何时期、任何环境都能立于不败之地。

无论政策如何调控市场，也不可能挤压有市场价值，创造社会财富的企业。

没有市场价值创造力，即使政策保护也只能暂时生存，不可能持续发展。物竞天择，适者生存，市场价值根本规律无法改变。

企业市场价值竞争核心规律：

第一，产品与服务决定企业市场竞争力。

没有好产品、缺少优质服务，企业不可能获得市场竞争力优势。

好产品、优质服务无法直接花钱购买，产品与服务价值要依靠企业自己创造出来，价值创造力才是市场竞争力核心。

第二，专业能力决定企业组织竞争力。

产品与服务价值取决于企业专业能力。

专业能力是企业满足特定市场需求的独特体系化组织机制功能。

第三，组织机制决定企业文化竞争力。

市场竞争力、组织竞争力为车，组织机制文化竞争力就是路。

车好路不好，跑不起来，车差一点只要路好还能跑起来。

车好路好，竞争力优势不言而喻。

第四，文化竞争力支撑组织竞争力，组织竞争力支撑市场竞争力。

好产品、优质服务取决于价值创造力；

价值创造力取决于企业的组织机制功能，这是企业价值竞争核心规律。

利润来自市场价值，市场价值来自专业能力，专业能力来自组织机制。

没有好产品或优质服务，首先要审视专业能力体系功能是否完善？

如果专业职能结构体系没有问题，则反思组织驱动机制是否有足够的动力？

具备文化竞争力、组织竞争力的企业不可能缺乏市场竞争力！

3. 不可忽视的良性发展基石

企业优秀甚至卓越的基石，是梦想、目标、行为。

一是梦想的激励性。

人的期望与激情源于梦想，企业组织同样如此。

梦想不是没有边际的胡思乱想，而是基于长远发展的愿景或蓝图。

十年之后企业到底会成为什么样子？企业有没有愿景与蓝图？

企业梦想不是个人梦想，也不是部分人的梦想，而是全体企业人共同的梦想！

全体企业人都清楚并期望梦想的实现，企业才能真正形成内生发展动力。

战略定位、愿景、蓝图一定要得到大家的认同、认可！

二是目标的明确性。

梦想人人有，企业也不缺梦想，因为梦想轻松简单，说说而已。

目标设定不简单；不仅要明确具体，还必须可控；

如果设定的目标不可控，这样的目标跟梦想没有区别。

战略、愿景、蓝图跨越十年、二十年，发展规划跨度为三五年；

愿景、蓝图重在梦想塑造与发展目标牵引；

规划目标是否可控、能否实现则影响大家对梦想的信心与信念程度。

三是行动的统一性。

梦想、目标很重要，没有行动与行为，一切梦想、目标都没有意义。

企业不可能没有行动或行为，没有哪家企业的工作是睡觉或休息；

努力的程度不同，行动的统一性、行为的协调性存在差异；

行动的统一性、行为的协调性决定企业的效率与竞争力。

四是梦想、目标、行动之间的内在关系。

战略愿景、发展规划、经营计划样样齐全，并没有形成竞争力优势。

首先，必须反思梦想的激励性、目标的可控性、行动的统一性问题；

其次，反思梦想、目标、行动之间内在的价值逻辑关系密切性。

愿景、蓝图没有激励性，或者大家不相信、不期待，等于没有梦想；

发展规划总是无法达成，或者成为摆设，等于没有目标；

经营计划不严谨，或无法约束工作行为，等于没有行动。

梦想没有边际，目标与梦想没有承接关系，计划非规划的分解细化；

那么，梦想、目标、行动就是一盘散沙，有或没有都一样。

4. 必须聚焦核心要素

聚焦利润产生的现象与行为，经营管理的价值层面比较浅。

谈战略则关注哪个行业或市场前景比较好，朝阳产业、夕阳产业等；

谈规划则是什么时候要做什么事，要达成什么目标等；

做计划就是要有多少订单、多少产品、多少库存等；

经营管理范围比较散，涉及人、财、物的所有因素。战略、规划、计划，组织、职能、责任，制度、流程、标准，营销、生产、采购，秩序、纪律、规矩，跑冒滴漏、言行举止、穿衣戴帽、吃饭睡觉，根本想不出有什么企业不管的事情。

经营管理层面浅、范围小，难以聚焦；没有轻重缓急，到处撒点胡椒面、事情都浮在表面，甚至流于形式。企业经营管理必须聚焦价值与能力，否则难以形成或提升自身的价值竞争力。

经营必须聚焦市场、组织、文化价值。

客户需要什么，客户的需求有什么新动态；

如何满足客户的需求，满足客户需求需要什么能力，能力还有没有缺陷？

如何让客户满意？如何让员工满意？

这些问题事关市场竞争力、组织竞争力、文化竞争力，解决了这些问题才真正解决了持续生存发展的问题！其他问题，有空则关注，无闲则顺其自然！

管理必须聚焦营销、制造、运营能力。

如何提升营收？如何提升产品性价比与缩短供货周期？如何提升组织效率？如何提升利润率？这才是管理的核心。

营收持续增长，产品与服务竞争力持续提升，组织效率持续提升，利润持续增长，这就是企业管理能力的最大价值。

除此之外，都是鸡毛蒜皮的杂事、琐事！

经营聚焦市场、组织、文化价值培育，管理聚焦营销能力、制造能力、运营能力提升，企业的利润、成本、效益自然良性循环、源远流长。

5. 必须构建经营数据体系

经营聚焦市场、组织、文化价值的关键措施，在于构建经营数据体系！

不缺梦想与战略、目标与规划、行动与计划，为什么缺乏价值创造力？

问题在于想法、思路、措施难以落地实施或有效管控推进。

战略没有规模数据、竞争力状态数据，员工财富增长数据，员工职业发展数据等。这个战略蓝图就是一个没有边际，不可触摸的梦想！这样的战略愿景，既没有梦想激励性，又没有规划编制的依据性。

规划缺失市场竞争力、组织竞争力、文化竞争力数据，这个规划则没有可控的价值与能力目标，实施基础性、推进有效性都差。

占有率、覆盖率、客户数量与质量等数据，能支撑具体的市场竞争力目标。

结构、功能、质量数据，工艺、成本、效率数据，服务周期与标准数据；研发、改良数据，组织效率、资产与资本数据；能使组织竞争力具体化、目标化。

没有数据体系支撑的经营，思路再美妙、策略再巧妙，也只是镜中花、水中月。

6. 必须健全管理指标系统

经营数据体系支撑未来价值培育目标；

管理指标系统承接经营目标实施的任务与责任。

管理指标系统是职能能力提升与价值创造的具体标准。

没有管理指标系统功能的支撑，经营定位、规划与计划，缺乏实施管控基础。

经营数据体系支撑企业整体工作目标；

管理指标系统支撑专业模块、部门与岗位能力与价值创造目标。

7. 健全三力价值竞争力机制体系

企业转型升级的根本，在于构建符合价值规律的经营管理体系。

经营管理体系机制功能完善强大，才能让企业获得市场、组织、文化竞争力。

拥有市场、组织、文化价值与能力优势，才能获得不可取代的核心竞争力！

市场竞争力、组织竞争力、文化竞争力体系功能的构建与完善，是企业面对市场饱和、产能过剩、同质低价恶性竞争困局，拓展新市场、新消费、新生存发展空间的根本出路。

企业能否脱困、能否有效转型升级、能否创新发展、能否持续生存发展，关键在于能否构建完善，以市场或客户价值创造为核心的经营管理体系机制功能。

问题1：企业生存发展的立足点在哪里

1. 针对问题

改变聚焦市场机遇、政策机遇、社会关系机遇经营意识；
引导企业集中资源与精力聚焦市场客户价值创造；
奠定持续生存发展意识与导向基础。

时空轮转、沧海桑田，世界无时无刻不在变化。

变化的永远是形态表象，法则与规律却从来不变。

市场如何变化，经济如何发展，价值决定利润，竞争力决定生存的规律不变！

从数量扩张向质量提升发展模式转变，从饱和与过剩向创新创效要空间，从低端向高端攀升，从资源价值外求向能力价值内求发展，必须摒弃诸多习惯性理念与行为，倾注能力塑造与价值创造才是根本出路。

没有价值竞争力则没有市场机会；具备竞争力优势则机遇无处不在。

没有价值优势则政策扶持不可持续；具备价值创造力才能得到政策

的倾斜。

从追求资源规模到追求价值含量，企业正处于转型升级的关键时期。

2. 企业能否继续生存发展

企业未来会怎么样？

身陷低端产品同质化、产能过剩的深谷，爬不上来的企业没有未来。

身处低价值、弱竞争力谷底的企业，要尽快爬上来，否则没有机会。

企业生存发展环境从来就没有稳定过，任何时候都是机遇与挑战同在。

万变不离其宗，关键不在于身处何种环境，而在于价值创造与市场竞争功力。

改变过于关注市场与政策机遇，忽视自身价值塑造与能力提升的理念习惯；全面提升价值、能力、活力；构建价值与能力运营体系机制功能，形成企业的市场、组织、文化竞争力，企业才能继续生存发展！

3. 企业继续发展需要改变什么

市场、组织、文化竞争力的提升，光有理想和目标，光喊口号无济于事。

首先，必须转变意识、改变习惯。

过去的市场背景与发展历程，让经营管理者形成固有的习惯性意识。

比如重市场机遇，轻价值创造；关注市场风口，忽视能力培育；重资源整合、关系与人脉，忽视体系、机制功能建设等。这些习惯性意识不能彻底转变，将成为企业面向未来发展的最大障碍。

其次，必须健全价值、能力、活力运营功能体系。

关注市场客户价值创造、重视价值创造能力培育、重视组织驱动力塑造，并非一定能够取得市场、组织、文化竞争力优势。仅有意识远远不够，必须健全相关经营管理体系。体系机制功能不全，运行基础不稳，所谓的市场竞争力、组织竞争力、文化竞争力，永远都是无法落地的口号。

最后，必须持之以恒地推进实施。

转变意识、改变习惯，构建了价值、能力、活力运营管控体系，并不意味着企业竞争力优势能够一蹴而就。价值的积累沉淀、能力的培育发挥、活力效益的彰显都需要时间周期。十年树木，百年树人。价值、能力、活力的塑造培育更需要持之以恒地推进实施。万能的上帝创造世界也有过程，何况企业价值竞争力优势的培育呢？

适应发展趋势的基础策略，就是尽快培育出自身的市场、组织、文化竞争力！

4. 高管经营会讨论重点

（1）企业是否意识到经济环境的根本性变化？

（2）企业是否意识到以往意识、模式、习惯对继续发展的阻碍？

（3）企业是否有强烈的转变或改革意识？

（4）企业是否有具体的全面的改革、优化思路与措施？

（5）企业是否已经着手推进并逐步显效？

问题 2：企业如何夯实生存发展基础

1. 针对问题

改变企业经营管理随意性意识和行为倾向；

引导企业规范价值经营、能力管理行为；

奠定企业价值积累与能力提升系统性、规范性基础。

一事一世界、一物一乾坤；
生命与运动都有其自身规律。
花开花落、潮起潮落会有时；
不弄清楚为什么花开花落、潮起潮落则无法把握时机。
企业生存发展规律、市场价值规律，似乎每个经营管理者都懂。
专家、课程、培训与学习交流，这些问题似乎早已不是问题！
发展规律、价值规律，要知其所以然并灵活运用也不容易！
理解、掌握生存发展或价值竞争力规律，才能胸有成竹！

2. 企业利润产生规律

利润状况取决于产品或服务价值——
产品服务价值取决于市场、技术、品牌、人才、文化等要素价值；
要素资源价值取决于战略定位、发展规划、经营计划流程功能；
战略、规划、计划目标可控性取决于专业职能管控能力；
专业职能能力取决于责权、利益、文化组织管控与驱动机制；
责权利益文化组织机制功能取决于思想格局与经营管理理念。
——这就是利润产生不可违背的价值逻辑关系。

市场竞争力、组织竞争力、文化竞争力或核心竞争力，就蕴含在这些系统要素与功能中。任何要素的缺失，或系统功能环节缺陷，必然导致企业运营障碍或问题，从而影响企业的价值创造和利润结果！

3. 经营者能否把握市场价值规律

认知政策市场与开放市场模式差异，掌握市场价值竞争规律或企业生存发展规律，遵循市场价值竞争规律，是企业持续生存发展的必修课。不严格遵循市场竞争价值规律，所谓的经营转型、管理升级都见不到竞争力提升效果！

企业能否持续赚钱，陷入平庸或步入优秀，有无法回避的价值规律。

盈利能力或利润状态，取决于企业有没有值钱的东西。

产品或服务不值钱，市场、技术、品牌、人才、组织、设施设备等也不值钱，企业陷入平庸、无法步入优秀则是必然结果。

利润或产品与服务价值只是果实，是否硕果累累取决于果树的整体机能。

经营管理体系机制功能存在缺陷，资源价值整合创造能力不足；

经营流程完整、职能功能健全、组织驱动机制有效，才有好产品或利润。

经营思想、管理理念意识格局决定经营流程、管理体系、组织机制功能状况。

世界是人们意识的表象，心有多大，舞台就有多大。

思想境界提升、视野拓宽、习惯改变不容易；

团队或组织，经营观念、管理模式、工作行为的转变更难！

适者生存，企业在市场价值规律面前没有选择权！

经营决策随意性、管理行为散乱性、驱动机制保守性现状必须改变。

注重外部资源、机遇、政策、关系的经营，忽视内部价值流程、能力制度、激励机制体系的构建，市场、组织、文化竞争力的提升永远只是期望。

定位市场价值，尊重市场价值规律，是企业脱困和崛起的唯一出路！

4. 高管经营会讨论重点

（1）企业是否存在价值经营体系结构缺陷？

（2）经营决策者是否具备价值与利润整体运营思维模式？

（3）企业的产品与服务是否具备竞争力？

（4）企业的团队与组织是否具备能力竞争优势？

（5）企业的责权与利益机制是否具备强大的驱动力？

问题3：企业如何避免发展障碍

1. 针对问题

引导经营管理者关注企业持续发展深层次要素；
改变企业关注资源及直接利润要素的经营意识；
奠定企业持续良性发展的隐性基础。

抱负、能力、性格决定人的生存发展状态；

人没有奋斗目标，缺乏处世能力，性格存在缺陷，如何挣扎都难有成就。

爱、包容、责任决定家庭的生活状态；

家庭中充满抱怨、指责，都指望得到照顾，这样的家庭能够维系就不错了。

缺乏爱、包容与责任，即使有钱、房、车，什么都不缺，也没有幸福感。

做企业与做人、做企业与经营家庭道理相通。

企业持续发展的关键要素是什么？

企业稳定经营、有序发展的关键在哪儿？

2. 持续生存发展核心要素

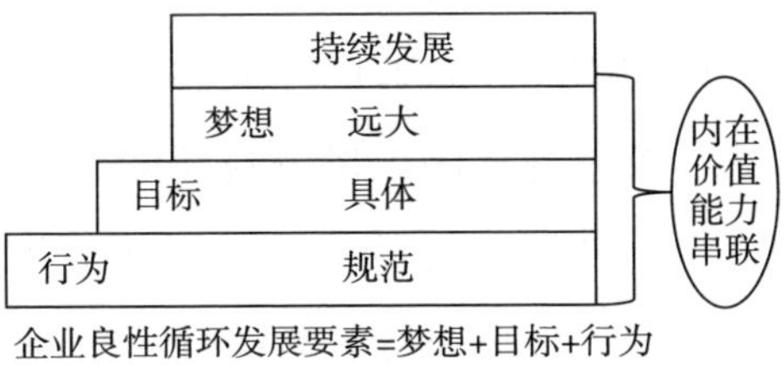

图6－1　持续发展的核心规律

梦想引领未来，没有梦想企业发展空间有限。

人不会没有梦想，经营管理者不缺梦想，企业中每个人都有梦想；

关键在于企业有没有形成共同的组织梦想！

梦想认同、相信、信念程度决定企业的凝聚力与战斗力。

梦想天马行空，转化为具体目标才可实施。

没有具体发展目标容易迷失，资源价值配置与管控一定散乱。

目标的具体性、明确性是企业高效经营管理的基础保障。

目标转化为责任行为才可能落地见效。

每个人的行为都为实现目标而动，才是企业凝聚力的核心。

梦想、目标、行为与战略、规划、计划完善性决定发展状态；

企业成长、停滞、衰退现象背后的规律自在其中！

没有梦想、缺乏激情，培育不出精神意志竞争力优势；

没有目标、行为散乱，培育不出组织效率竞争力优势；

没有行动、画饼充饥，培育不出能力价值竞争力优势。

没有价值纽带将梦想、目标、行为连成整体，企业始终是一盘散沙！

3. 能否奠定持续发展的基础

物资匮乏、消费市场扩张，有东西不愁卖时，战略定位模糊，发展规划含糊，甚至经营计划空洞，企业同样能够生存发展，甚至还能快速扩张。所谓寒不择衣、饥不择食的市场消费环境状况。

有货不愁卖的市场消费时代已经远去，通过获取资源、政策支持、寻找市场机遇、依赖社会人脉关系等，资源外求导向生存发展模式已经过时。未来，企业必须注重市场价值、组织能力、文化活力的塑造培育，实施推进能力与价值内求式发展。

企业要形成良性发展态势，必须具备三个层面的隐性基础支撑。

一是愿景蓝图引领梦想，激发竞争斗志；

二是发展规划确定目标，明确价值能力竞争要求；

三是实现目标追求梦想的责任行为，塑造沉淀价值竞争能力。

这三大核心要素必须融入战略定位、发展规划、经营计划。

企业从来不缺梦想。

通常缺乏将散乱的个体梦想，凝聚成企业组织共同梦想的能力与方法。

战略定位模糊、摇摆、虚空，甚至没有战略定位；

没有宗旨、缺乏使命、长远目标不坚定；

梦想在哪里？梦想的牵引力、激励性又从何而来？

企业容易欠缺坚定的发展目标。

未来五年企业要做什么？达成什么目标？

有想法不行，有规划不够，必须具有坚定不移的目标。

目标与梦想、规划与定位是否一致？

企业最容易欠缺与梦想、目标相一致的协调行为。

梦想与目标不密切，目标与计划又不密切，计划与行为衔接又有缝隙；

梦想、目标、行为之间没有形成内在价值能力串联；

这是企业经营不稳定、管理无次序，无法持续良性循环发展的根源。

市场、组织、文化竞争力的培育，是完整的体系功能构建与实施过程。

企业核心竞争力体系构建的基石，就是塑造梦想、确定目标、统一行为。

4. 高管经营会讨论重点

（1）企业是否有明确统一的愿景梦想？

（2）梦想是否成了工作动力的核心要素？

（3）企业发展目标是否明确坚定？

（4）无论环境如何变化，企业始终坚持追求确定的目标？

（5）梦想、目标、行为是否和谐统一、一脉相承？

问题 4：如何厘清价值经营纲要

1. 针对问题

引导企业经营意识与行为习惯转变；
促进企业形成核心价值经营模式与流程；
帮助企业摆脱经营无序散乱低效状况。

一棵树是树冠重要，还是枝干重要，还是根系重要？

这是一个伪命题，就像先有鸡还是先有蛋。

树冠争不到阳光雨露，树根怎么会有活力？树干如何快速生长？

树干不高大，树冠如何争取阳光雨露？树根缺乏活力，树干如何快速生长？

不是局部重要不重要的问题，而是体系机制强大不强大的问题！

战略、规划、计划、管控哪个更重要？营销、制造、人力、财务哪个更重要？

思想、理念、市场、产品、技术、工具、人才、资金、品牌、服务、制度、流程、责权、利益、奖罚等什么更重要？

经营管理者这样想问题，永远抓不住经营管理的核心与关键。

经营管理的关键是聚焦核心要素并构建价值体系机制！

2. 企业经营核心要素示意图

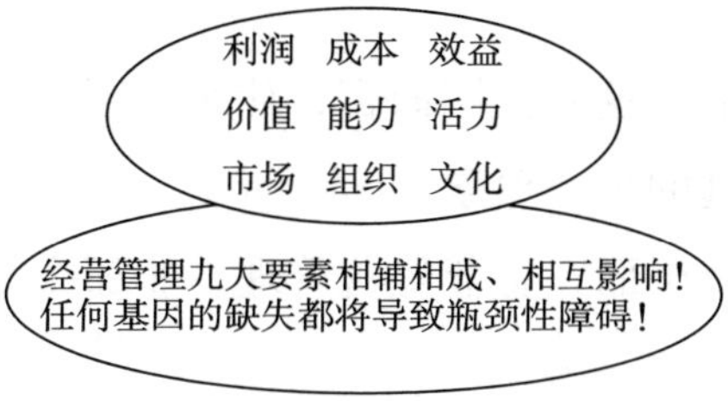

图6－2　三力价值经营体系核心要素

利润效益源于价值实力、专业能力、组织活力，这是树干与树枝；

实力、能力、活力源于市场、组织、文化价值，这是树根系统。

市场竞争力源于组织创造力，组织创造力源于文化驱动力。

市场竞争力核心是价值，价值的体现是利润；

组织竞争力核心是能力，能力的体现是成本；

文化竞争力核心是活力，活力的体现是效益。

利润、成本、效益不过是价值经营的结果。

结果好坏取决于经营管理体系机制功能健全性；

体系机制健全性决定市场、组织、文化竞争力状况。

客户、产品、服务、技术、品牌、人才、战略、规划、目标、计划、组织、机制、职能、制度、销售、业务、生产、设备、薪酬、绩效、资金、成本、思想、心态、精神等，经营管理要素多而复杂；

经营管理工作、责任、事务广泛而散乱；

抓不住核心、厘不清纲目，高效永远只是口号。

3. 企业到底经营什么

经营复杂、管理烦琐，低效、低能问题的根源在于经营管理者，对价值经营管理的认知肤浅。肤浅就是抓不住关键、看不出层面、厘不清纲目。

好比渔网搅在一起就乱七八糟，纲举目张就是理顺渔网的根本办法。

对企业价值与能力这张渔网而言，什么是纲?

纲就是经营管理的核心要素。

抓住核心、厘清层面，企业经营管理并非那么复杂烦琐。

第一层要素，利润、成本、效益。

利润、成本、效益既是经营管理的根本目标，又是根本依据。

种果树的根本目的是硕果累累，果树种得好不好的依据是收获了多少果实。

战略、规划、计划的效果评估;

组织、部门、人员责任、价值、能力的评价;

模式、方法、措施优化改善的评价等都必须立足利润、成本、效益。

经营管理抓不住这个关键，很容易陷入低效甚至无效的歧途。

利润、成本、效益不会凭空而出，其结果状况取决于更深层面的要素。

第二层要素，价值、能力、活力。

价值、能力、活力是企业利润、成本、效益的基础或源泉。所谓源远流长，缺乏市场价值、组织能力与文化活力，利润增长、成本下降、效益提升无法实现。

产品、服务、市场、技术、人才、品牌等具备价值竞争力，利润才有保障。

要素资源价值竞争力的获得，需要长期培育与积累，需要滴水穿石的功夫。

水能否始终滴在价值点上，这里滴一点那里滴一点，如何穿石?

战略、规划、计划体系功能，才是要素资源价值竞争力的基础保障。

战略、规划、计划是价值培育施工图，能否形成价值必须依靠组织创造能力。

八年十年的梦想、三年五年的规划、年度的计划目标能否实现？

营销、制造、运营、财务职能管理，是否具备目标实现的管控与推动能力？

目标能够达成、能力持续提升，价值、能力竞争力就会逐步形成。

组织创造能力离不开企业组织文化活力。

团队缺乏创造、创新工作空间，企业听一个人的工作指令；

薪酬、奖金分配弄得怨声载道；

人际关系复杂，工作压抑不开心等。

这种组织机制与文化氛围，组织创造力、效率、活力不可能形成优势。

价值、能力、活力之间，存在十分密切的相互依存逻辑关系。

第三层要素，市场、组织、文化。

市场、组织、文化的基础，是企业价值、能力、活力的根基；

价值取决于市场客户的判断，而不是企业自身的认定；

具有市场价值优势，合作者越来越多、销售额越来越大、企业呈现增长趋势。市场价值没有优势，或市场价值下滑，合作者越来越少、营收下滑、客户流失，甚至员工流失，企业处于停滞、衰退状态。

价值状态与业绩变化不一定同步发生，但这种密切关系是必然的。

能力是整体组织创造力状态，而不是个体人才的能力素质状态；

经营管理者的资历与能力都很强，雇员的学历、素质、专业结构都很好，并不代表企业组织的创造力有优势。规划目标可控、计划目标能够实现，产品价格、运营成本费用、作业效率、利润率等经营管理指标，与对手比较具有优势，与自己比较在提升与增长，才证明企业组织能力优势的存在。

活力是风气、精神、心态的文化综合呈现，它取决于企业文化管理状态。

活力状态最容易判断，活力指标却最难设置。工作氛围比较和谐，大家脸上的神态比较轻松、平静，甚至喜悦，这就是充满活力的表现。工作推三阻四、责任纠纷不断，气氛沉闷甚至压抑，说明组织没有活力。

组织机制活力与员工满意度、客户满意度存在直接关系。员工满意度、客户满意度持续提升，组织活力一定在增长；员工满意度、客户满意度一直在下滑，说明组织活力在下滑。

经营管理内容很多，厘清关系与层面之后，就是利润、成本、效益、价值、能力、活力、市场、组织、文化九大要素。抓住这些核心要素功能价值，构建整体价值增长或提升体系机制，经营管理才能纲举目张！

4. 高管经营会讨论重点

（1）企业经营是否复杂？
（2）企业管理是否琐碎？
（3）利润、成本、效益是否成为判断价值与能力的标准？
（4）价值、能力、活力竞争力要素是否均衡？
（5）市场、组织、文化价值塑造是否成为经营管理的核心？

问题 5：如何理顺能力管理环节

1. 针对问题

引导企业改变事务性、表面化、烦琐性管理状态；
促进企业管理意识与行为的深化、简化、体系化；

帮助企业构建价值与能力一脉相承的管理体系。

天天谈管理，到底怎么管理、到底管理什么？
市场、产品、技术、服务、资金、品牌、文化等都需要管理；
战略、规划、计划、营销、制造、人力、财务等都需要管理；
尤其是人才、团队、组织更需要管理；
企业管理工作何其复杂！
行为需要管理，思想、心态、能力需不需要管理呢？
思想、心态、能力当然要管理，但不是点对点的表面化管理。
聚焦价值、能力、利润目标管理，才能达到简约高效的状态！

2. 企业能力管理核心环节

梦想、目标、行为构成企业隐性发展基础。
梦想天马行空不可控，行为时刻变化不易管；
梦想、行为必须形成目标才能有效管控。
梦想、目标、行为内在价值脉络，决定企业宏观发展基础状态；
目标设定、分解、管控、评估，决定企业微观运营基础状态。

目标设定是经营决策者的核心职责。
战略定位不明确、发展规划不具体、经营计划不细致；
没有发展方向、资源配置没有依据、工作管理没有标准；
这是企业经营管理行为散乱无序、低效无效的首要根源。

目标分解、管控、评估是管理者的主要职责。
市场与服务目标，产品与技术目标，人才与团队目标，资金与资产目标；
部门模块目标、岗位个人目标，利润目标、成本目标、效益目标；
年度目标、月度目标、周工作目标；

目标分解合理、管控严谨、评估及时，企业经营管理才能忙而不乱。

3. 到底应该如何管理

目标管控最简约，但多数经营管理者还没有养成目标管控习惯。

约束行为很困难，设定目标让其自我约束则很简单。

管控思想、情绪、心态、能力更艰难；

不管心态、能力如何，只要目标能够达成！

不管品德如何、心态怎样、能力强弱，企业要的是利润、成本、效益目标。

这就是最简约高效的目标结果管控模式。

人员、市场、产品、服务、技术等核心价值管理，同样如此。

只有管理好了目标，才能真正管理好价值、能力、利润与效益！

目标管控的基础是合理设定目标。

战略目标像梦想，规划目标像愿景，计划目标像大纲，目标无法管控。

没有目标或目标不具体，大家才会陷入行为与过程管理怪圈。

目标不统一的行为过程再完善，也产生不了良好的效果。

这是企业经营管理忙、乱、累、烦现象的根源。

4. 目标管控是个完整的价值运营体系

目标管理虽然简约，但不简单。

目标管理包括目标设定、目标分解、目标管控、目标评估四大环节。

目标设定包括战略定位目标、发展规划目标、经营计划目标；

目标分解包括组织整体目标、职能模块目标、岗位工作目标；年度经营目标、月度工作目标，甚至周、日工作目标。

目标管控包括战略实施管控、规划实施管控、计划落实管控；

目标评估包括所有周期性目标达成状态的评估。

目标管控是企业能力管理的核心；

目标管控体系不完善，不但运营效率低，而且经营管理问题多。

习惯行为管理、过程管控的企业，大多存在运行效率低、沟通协调成本高、组织内耗大等问题与障碍。在行为与过程管控基础上，强化目标管控，是企业解决诸多问题的关键。

目标设定需要信息分析与预判能力支持，体现经营水平；

目标分解需要资源信息和专业能力支持，体现管理团队能力；

目标管控需要责权、绩效机制支撑，体现组织驱动能力；

目标评估需要公平、公正、公开的体系制度支撑。

目标管控模式需要基础，缺乏相应基础目标管控同样会遇到问题与障碍。

5. 高管经营会讨论重点

（1）企业管理工作是否复杂烦琐？

（2）企业的运行效率是否难以持续提升？

（3）企业是否实施了目标管理模式？

（4）目标完成情况是否决定薪酬、奖金发放结果？

（5）企业实施目标管控模式还需要奠定什么基础？

问题 6：如何构建价值数据体系

1. 针对问题

提升企业战略规划计划目标可控性；

促进企业夯实价值经营系统运营基础；

健全价值经营能力管理机制体系功能。

目标需要量化，不能量化的目标无法评估、管控。

成为行业一流企业，这个战略目标无法管控；

这种战略定位目标只能成为激励口号。

营收行业第一，这个战略目标才能分解、评估、管控。

结构完善、优势明显、持续扩张、能力提升等类似规划目标，无法评估管控。

产值10亿元，10个新品上市、销售增长50%的目标，才能分解评估与管控。

企业、组织、文化竞争力的培育与发展，价值、能力、活力的管控必须立足价值数据目标。

所有缺乏经营系统数据支撑的目标，形同虚设！

2. 价值经营数据链

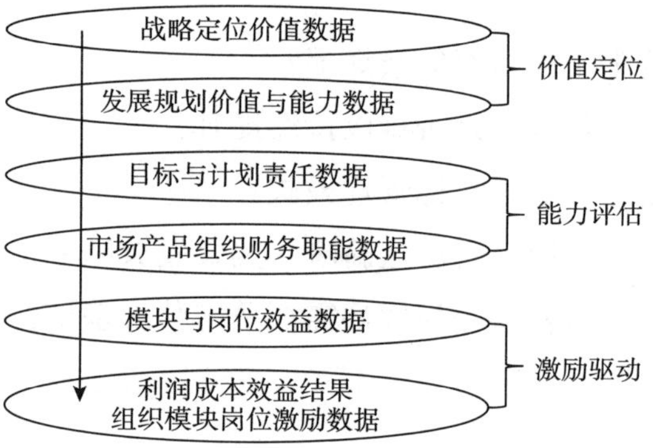

图6－3　构建价值经营数据链

目标管控缺失价值经营数据系统功能支撑则无效。

战略目标没有配套价值数据则如同不可触摸的梦想；

发展规划没有目标价值数据设定则无法分解实施；

经营计划没有经营数据指标则无法评估价值贡献状态。

市场营销管理没有数据指标管控则随波逐流；

产品制造与服务保障没有数据指标管控则顺其自然；

组织运营管理没有数据指标管控则自生自灭；

资产财务管理缺失数据指标管控则形同虚设。

价值经营数据系统功能的构建，是企业目标管控、责任管控、过程管控、行为管控的核心。企业战略、规划、计划、营销、制造、运营等经营管理规范的基础，在于价值经营数据系统的构建完善。

3. 如何构建价值经营机能骨架

市场竞争力、组织竞争力、文化竞争力，三力价值运营管控体系；利润、成本、效益、实力、能力、活力、市场、组织、文化经营要素；必须形成一个有机的数据体系。

缺乏数据体系支撑，经营管理必然抓不住核心，甚至一盘散沙。

战略模糊、规划空洞、计划粗犷、运营低效、管理散乱等几乎都根源于此。

价值、能力、活力、市场、产品、技术、服务、人才、团队、组织、品牌、文化等，必须形成经营机制与机能体系。这个机能体系的骨架就是价值经营数据链系统。

将价值经营核心要素梳理分解成数据，并用数据链串联成三力价值竞争力体系机能，企业经营管理才能真正驾繁就简、事半功倍。

4. 价值经营数据系统内容

价值经营数据系统包括价值定位、能力评估、激励驱动三个模块。

价值定位数据是市场竞争力或经营实力的管控核心；

成为一流企业战略目标的配套经营数据是什么？

如果没有数据约定，这个战略目标定位与梦想没什么区别。

能力提升目标数据是组织竞争力或管理能力的管控核心；

营销、制造、运营专业能力提升目标有没有数据指标？

缺失数据指标标准，所谓的能力提升只会不了了之。

激励驱动机制功能数据是文化竞争力或组织活力的管控核心；

职位晋升、薪酬增加、奖金发放的评价与分配标准依据数据是什么？

没有数据性标准依据，发多发少导致的都是抱怨而不是激励。

价值定位包括战略定位数据、发展规划数据、目标计划数据，这是经营主体。

经营数据群的合理性、准确性、可控性，是企业良性发展的基础。

经营目标设定数据系统不完善，经营管理必然陷入混乱。

能力提升包括市场、产品与服务、组织和财务职能发挥目标数据。职能价值数据群是企业管理的主体，体现能力状态，决定价值创造效率。

激励驱动包括利润、成本、效益数据，部门、模块、岗位的绩效数据。绩效激励数据群是薪酬、奖金、福利分配的根本依据。

价值经营数据化，是企业经营转型、管理升级的核心基础！

5. 高管经营会讨论重点

（1）企业战略、规划、计划目标数据系统是否完善？

（2）三年发展规划与年度经营计划数据是否配套衔接？

（3）企业利润、成本、效益目标是否分解为部门、模块业绩指标？

（4）薪酬、奖金、福利分配是否人人都清楚怎么核算？

（5）为什么设定的目标总是难以完成？

问题 7：如何完善能力指标系统

1. 针对问题

价值经营数据体系规范企业战略、规划、计划目标管理；
能力管理指标系统规范企业责任、能力、业绩管控评价；
促进企业管理从事务性向价值与能力转变聚焦。

经营数据基于整体组织，以战略、规划、计划目标为主干；

管理指标基于职能模块和岗位，以专业价值与能力绩效为核心。

多数企业绩效指标设置与管理，存在明显的缺陷：

一是忽视经营数据系统构建，重视工作绩效指标设定；

二是经营数据设定与工作绩效指标设定脱节；

三是经营数据指标与责权利界定、实施、管控、评价脱节。

重视组织业绩管控，强化团队与岗位业绩管控，才能完善经营机制管理体系。

经营数据与管理指标相互支撑，才能形成企业良性循环发展机能。

2. 能力管理指标系统

经营数据系统针对企业组织整体市场价值培育；

管控指标系统针对组织职能价值创造力培育与业绩贡献。

缺乏经营数据系统支撑，经营价值难以评价和管理；

没有管控指标系统数据支持，管理能力难以评估和管控。

价值数据与能力指标一脉相承，数据是指标的依据，指标是数据的结果。

经营定位数据群主要包含资本增值、资产增加、市场扩张、产品增值、技术发展、品牌价值提升、组织能力发展等；

管理监控数据群主要包含销售增减、产量增减、组织效率升降、利润增减、成本升降等；

结果评估数据群主要包含薪酬增减、奖金增减、晋升与降级比率等。

缺乏数据指标系统的支撑，经营管理难以达到规范、简约、高效状态。

3. 如何健全能力管理指标系统功能

经营管理数据链是企业价值、能力、活力竞争力体系的机能核心。

经营水平高低、管理能力强弱，就在于数据指标体系的完善程度。

数据体系越完善，指标可控性越强，数据指标增长率越高，企业竞争力越强。

经营的基础是价值定位。

经营水平如何，经营流程是否完善，通过经营类数据便能够判断出来。

资本、资产现状与发展预期数据具体，并且能够分解细化为市场营销、产品制造、组织运营、资产财务职能实施管控数据，说明企业的经营战略规划很明确。

市场、服务、产品、技术、工具、组织、团队、文化、品牌等核心要素资源发展数据具体明确，则说明企业的发展规划比较完善。

利润、成本、效益数据明确，则说明经营目标计划抓住了关键。

天天抓经营管理改善，持续推出新措施，目标业绩数据却一问三不知；

类似的问题普遍存在企业经营管理过程中。

销售额、市场占有率、资金回笼率、客户数量、销售成本等数据的准确性，反映了市场营销职能的专业能力。

产品、产能、产量、质量、成本、作业效率、交换周期等数据状态，反映了制造或供应链职能的专业水平。

组织效率、人力成本效率、员工满意度等数据状态，直接反映运营职能的专业能力发挥状态。

利润、成本、效益数据的精细化程度，反映了财务职能的专业水平。

天天说短板，天天评价优劣，没有数据支撑，短板、优劣都是模糊的感觉。

组织驱动机制是否健全，同样可以通过数据状态显现出来。

薪酬总额、绩效、奖金发放，部门模块分配比例与系数，晋升与降级等，有没有数据指标支撑？

数据说了算，指标决定结果，说明驱动机制比较完善。

领导或上级凭经验与感觉说了算，则组织驱动机制一定有缺陷。

经营管理的科学化、严谨性，经营机制、管理体系结构的完善；

问题的解决，发展出路的拓展都依赖经营数据、管理指标系统健全。

4. 高管经营会讨论重点

（1）企业营销部门有哪些核心能力指标？

（2）企业制造部门有哪些核心能力指标？

（3）人力资源或运营部门有哪些核心能力指标？

（4）职能能力指标与岗位业绩指标有什么关系？

（5）企业绩效指标体系复杂烦琐吗？

第七章　企业有没有明确的价值定位

构建核心竞争力体系功能，首先必须定位价值。

市场价值目标不清晰，创造或具备价值竞争优势就是幻想！

建材、医药、汽车零部件、食品、运动器材等价值目标、客户群体不同。

隔行如隔山，缺乏清晰市场与客户定位，企业不可能拥有价值竞争力！

没有市场价值竞争力优势的企业，如何持续生存发展？

经营为管理定位，管理为经营服务。

什么是经营定位？

经营定位什么？

这是企业经营决策者必须悟透的核心问题。

1. 什么是经营定位

企业准备赚什么钱？赚谁的钱？

现在依靠什么赚钱？将来依靠什么赚钱？如何才能赚更多的钱？

决策者必须确切清晰地解答这些问题。

企业准备赚什么钱？

制造产品赚钱，提供服务赚钱；产品千姿百态，服务花样百出，所以需要定位。

生产奶粉、制造汽车、加工食品、提炼金属、生产服装、提供餐饮、开采石油、从事贸易、制作工艺品等不可能什么都做。

必须要有业务领域或行业定位。

赚谁的钱？

生产药品是一个行业，行业市场存在细分；儿童、成年、老年需求有差异；心脑血管、肠胃消化、身体创伤疾病有分类，中成药、化学药、生物制药技术不同。同一行业的市场客户消费需求也不同。

企业必须进行市场消费群体定位。

现在依靠什么赚钱？将来依靠什么赚钱？

现在依靠代理品牌电器销售赚钱，在网购流行趋势下，将来这种代理销售模式还有没有生存空间，或这种销售模式会发生什么转变？

现在依靠生产一次性餐具赚钱，在环保意识与政策不断严格趋势下，现有的非环保类产品还能继续生产销售吗？产品与技术如何改善升级？

企业今天赚钱并不意味着明天同样赚钱，未来的发展定位不可忽视。

如何才能持续地赚更多的钱？

今天只生产儿童奶粉，只有一个产品赚钱，将来能否生产儿童、老年及特色保健一系列奶粉产品？产品的性价比优势要达到怎样的程度？

企业更需要持续进行价值竞争力升级目标调整定位。

2. 经营定位什么

一是市场价值定位。

制造商、建筑商、开发商、服务商等社会责任角色定位。

回答企业是谁，要成为谁的问题。

制造汽车、家电、通信设备，或是生产食品、服装、五金、家具等行业定位。

回答竞争领域，延伸领域的问题。

依赖技术研发，或规模成本，或品牌平台优势等，立足竞争等核心价值定位。

回答企业依赖生存发展的核心价值与能力问题。

二是发展目标定位。

目前只有一类产品，之后是否具有产品群类或综合性服务能力；

目前只有单一渠道，之后能否具备多渠道营销或全市场覆盖；

目前的营收一亿元，五年之后能否翻一番；

目前以劳力消耗为盈利基础，三年后能否在技术、专业能力方面取得突破。

发展目标定位就是要解决未来一段时期企业的奋斗目标明确的问题。

三是管理责任定位。

发展目标为产品形成系列，市场全覆盖，技术上台阶，营收翻番。

目标明确之后，谁来做？

需要一个什么样的团队与组织？

怎么做？

需要具备什么职能专业能力？

做到什么程度？

需要怎样的激励与驱动机制？

如何评估与奖罚？

持续优化组织、提升能力等。

这些问题就是管理与管控责任的定位内容。

经营定位是以市场价值为核心的完整的行为导航系统；

定位导航系统功能运行状态，决定企业市场竞争力或稳定发展状态。

有没有梦想、梦想能否实现，取决于经营目标定位。

经营定位流程，包括战略定位、发展规划、经营计划；

经营定位内容，包括梦想塑造、目标确定、行为管控。

经营定位是企业经营决策团队的核心责任与任务；

经营定位功能不完善、内容残缺，说明经营决策者承担不起自身的责任。

经营价值与目标定位存在问题的企业，没资格谈管理问题；

因为没有经营目标定位，也就不存在管理的问题。

在经营定位目标不清晰的基础上谈管理，必然徒劳无功！

企业天天谈加强管理，却没有明确的经营定位；

时刻强调管理、天天抓管理，却不见价值提升、能力增强、利润增长！

问题1：为何遭遇发展瓶颈

1. 针对问题

战略定位不清晰、不稳定，跟着市场机遇摇摆；

发展目标可控性差，价值与能力发展规划含糊；

利润成本效益目标不具体，责、权、利界定不清；

环境风向一变，企业便遭遇瓶颈或陷入困境。

企业未来要成为什么样子？

能否给大家塑造一个美好的可能实现的梦想？

现在什么都没有，将来会拥有什么？

梦想、蓝图、远景支撑功能非常重要！

企业组织整体目标是什么？

各职能模块的专业目标是什么？

各岗位的职业发展能力提升目标是什么？

缺乏导航系统功能，或整体跑偏，或职能模块偏离，或岗位没有努力方向。

决策者责任或企业导航功能，必须解决组织共同奋斗发展目标问题。

2. 发展导航系统功能

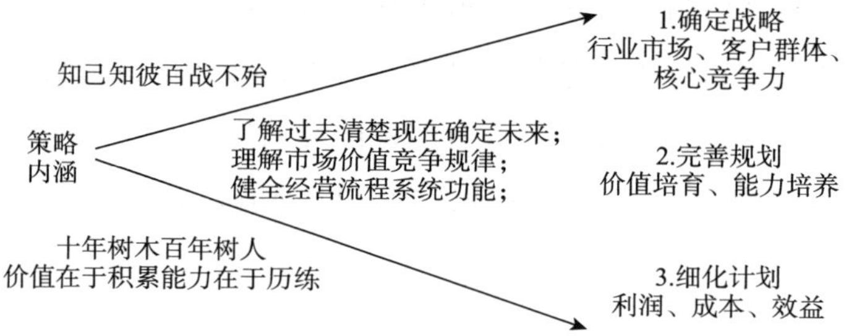

图 7－1　价值导航

这是订单、产品、技术与人才、利润的根本保障。

市场竞争力优势培育和塑造不能没有目标。

从现状到拥有竞争力优势之间，存在不确定周期过程；

缺少明确的目标，组织、部门或岗位难免在过程中跑偏而影响组织合力。

意识不统一、行为散乱，企业无法培育出价值竞争力优势；

没有共同的梦想、目标，群体意识必然散乱、组织行为难以协调。

企业发展导航系统，包括战略定位、发展规划、经营计划三个主要环节。

战略定位目标、规划确定责任、计划明确结果；

这是从梦想到行为至结果的完整的价值培育导航系统。

组织、部门、岗位跟随导航功能，努力推进工作、尽力达成目标；

逐步积累、滴水穿石，最终形成市场价值竞争力优势！

3. 如何构建市场竞争力基础

企业生存发展的基础就是市场竞争力。

市场竞争力的本质是什么？就是资源价值比较优势。

或者说企业有没有值钱的东西？有多少值钱的东西，或东西有多值钱？

只有产品或设备值点钱，技术、服务、品牌都不值钱，哪来的竞争力优势？

如何让自己不断拥有值钱的东西？

企业必须解决市场价值目标定位、价值沉淀周期、价值培育与积累问题；

通过持续的周期性循环努力，企业才能逐步拥有值钱的东西。

没有明确的市场价值定位，连自身需要什么资源价值支撑都含糊不清；

还谈什么资源价值优势培育问题？

过去做过机械销售、施工设备租赁；

现在想做物流仓储，明年又有新打算；

如果企业不知道自己想成为什么，职能团队没有目标、岗位人员没有持续的奋斗方向，企业最终会拥有什么价值优势呢？

明确市场价值定位，并非能即刻拥有资源价值优势。

设施设备、渠道网络、客户群体、业务流程、专业组织能力等，任何要素价值优势的建立或培育都需要时间周期。

假如企业想拥有市场营销专业价值优势；

打算通过连锁营销的方式获得这种竞争力优势；

那么需要多少家连锁店才能建立这种优势？

需要多长的时间才能开这么多家连锁店？

这就是价值沉淀周期、路径、模式问题。

确定了价值定位，沉淀周期、路径、方式，接下来就是价值培育积累问题了。

开设300家连锁店，才能取得营销竞争优势，培育过程就是连锁店开设过程。

企业如何构建市场竞争力体系？如何培育市场竞争力优势？

明确市场价值定位，设定价值沉淀周期与路径，推进价值培育与积累。

构建市场竞争力体系，培育市场竞争力优势，必须完成三个层面的工作：

一是通过战略确定市场客户或业务领域价值定位；

二是通过规划设计价值沉淀的周期、方式与路径；

三是通过计划推进价值培育与积累工作。

能否培育出市场竞争力，就看战略是否明确、规划是否具体、计划是否细致。

关键是战略定位、发展规划、经营计划之间能否形成价值一脉相承的关系！

4. 高管经营会讨论重点

（1）企业竞争发展领域、业务、客户群体是否明确？

（2）企业战略定位是否具有明确性、稳定性、持续性？

（3）企业蓝图、规划、计划之间是否逻辑关系密切？

（4）规划目标是否分解至职能模块？

（5）计划目标是否分解至核心岗位？

问题 2：为谁辛苦和为谁忙

1. 针对问题

市场非饱和状态下，市场定位不明确同样能够生存；

市场饱和产能过剩环境中，缺乏明确的市场定位难以生存；

不清楚为谁创造价值则没有利润，不知道为谁忙则没有动力。

企业是植物，客户就是养分、行业市场就是生态、社会经济就是气候。

大环境有春夏秋冬，生态有山林、草原、旱地、沼泽；

企业要成为一棵树，还是一类草，还是一类水生植物？

依据经济环境、生态状况、市场需求趋势，确定发展空间、模式与核心机能。

一心只想收获，有没有播种和耕耘呢？

有没有让种子发芽、生长、结果的价值沉淀与能力培育周期呢？

未来，没有战略定位，或价值定位错误将直接葬送企业的前程！

2. 市场价值战略定位

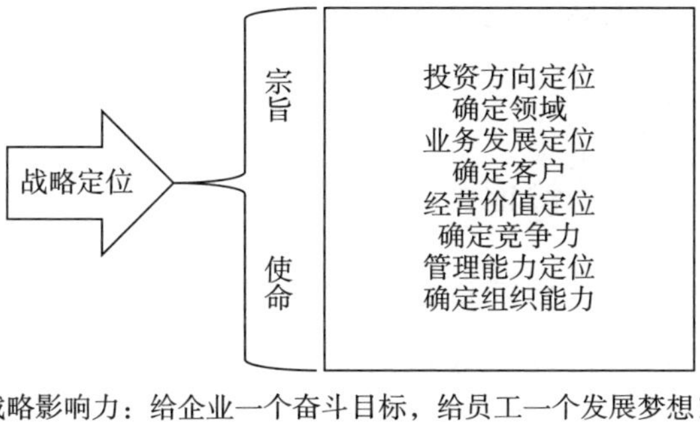

图 7－2　价值战略定位

过去资源获取是企业主要的生存发展手段；

将来价值创造是企业持续生存发展的保障。

无论规模大小，专业化还是多元化，哪怕开餐馆都离不开战略定位。

没有价值定位就没有企业经营，战略定位是企业价值经营的基础。

战略定位复杂是因为没有看透战略定位的本质！

价值战略定位很简单——

第一，明确投资方向或领域。

什么都想做，结果一定是什么都做不好；有所不为才能有所作为。

昨天养鸡、今天种田、明天杀猪；心无定力，所有努力都是竹篮打水！

第二，明确客户群体或服务范围。

教育行业，是教育幼儿、儿童，还是少年、青年、成年？

同领域中客户群体需求不同，价值、能力、资源配置要求不同。

第三，明确产品或服务能力独特价值。

儿童教育服务，你做知识教学、才艺教学，还是体育健康教学？

聚焦产品与服务才能真正聚焦核心竞争力。

第四，明确独特能力所需组织要求。

教育行业、儿童教育、才艺教学，对企业组织的要求是什么？

专业经营管理团队、儿童才艺专业教培团队、专业营销团队，这是组织基础。

3. 如何简化市场价值竞争战略

发展战略定位，最忌讳持续性差、稳定性差、明确性差。

战略定位的持续性差，导致企业东奔西走、到处游击，总是找不到自己的路；

没有自己的大本营或根据地，企业培育不出市场价值竞争力。

战略定位的稳定性差，制定了战略定位，却没有行为约束性；

实际运营过程中因各种原因，将确定的战略定位搁置在一边。

企业持续被环境因素牵着鼻子走，最终无法形成市场价值竞争力。

战略定位的明确性差，业务领域、行业、市场客户、组织能力要求含糊。

只是确定了要建一幢十层高的楼房，却没有具体规划设计图和配套施工图。

导致投入不聚焦，过程散乱，效率低下，最终无法形成市场竞争力。

企业的战略定位有两种倾向：

一是完全不在乎战略，走到哪儿是哪儿；

二是战略很复杂，看上去高大上却无法实施落地。

这两种战略定位管控倾向都必须转变优化！

没有价值战略定位，企业肯定走不远，无法持续生存发展；

价值战略定位过于复杂、烦琐，容易流于形式；不聚焦、不利于组织实施！

企业市场价值战略其实很简单，也必须简单明了！

十年目标、方向，只需要一个简单而明确的定位就行了；

告诉大家，企业怎么发展、会成为什么样子！

第一，确定未来发展领域或行业，明确投资方向；

第二，确定行业中的客户群体，明确业务范围；

第三，确定为客户提供什么价值服务，明确价值定位；

第四，确定企业要建设一个什么样的专业服务组织，明确能力定位。

市场价值战略定位就是这么简单，简单才容易聚焦，才能高效实施。

4. 高管经营会讨论重点

（1）企业有没有明确的战略目标？

（2）企业具有市场竞争力优势吗？

（3）企业目前存在的问题是否与战略管控有关？

（4）战略蓝图是否人人皆知？

（5）战略目标是否人人坚信？

问题 3：为何战略难以落地

1. 针对问题

有战略定位目标却总是无法落地；

发展规划目标却总是难以达成；

价值定位缺乏组织团队能力支撑。

战略定位价值，规划明确能力；战略价值目标实现，需要实施能力支撑。

市场价值定位，只是明确前进的方向和目的地；

能否到达目的地存在许多不确定性！

塑造市场营销能力，然后整合其他资源可以实现价值目标；

构建技术研发能力，然后带动其他资源的整合达成目标；

通过全产业链的延伸整合形成规模优势，也可以实现价值战略目标。

采取何种模式、依靠什么能力实现战略目标就是发展规划的核心。

如何形成资源价值优势，需要多长时间形成优势？

需要什么组织能力，谁来承担相关目标达成责任？

这就是发展规划必须明确界定的问题。

2. 企业发展规划要素

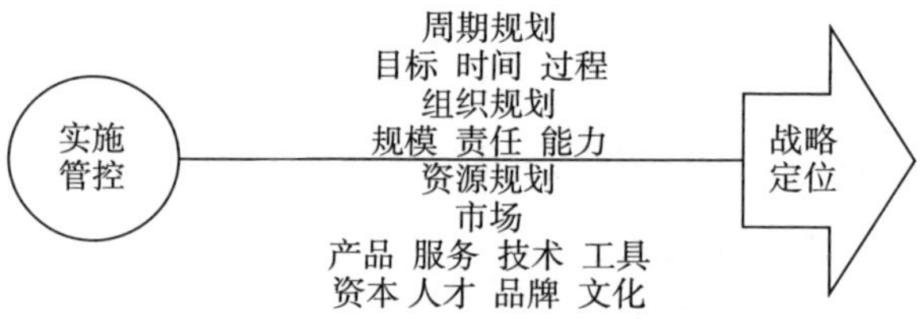

图 7－3　能力发展规划

战略定位解决企业生存发展的价值问题；

发展规划解决价值创造能力培育问题。

价值目标达成需要路径、周期、资源配置、责任划分等系统规划。

没有具体配套规划的战略还是梦想。

企业发展规划基于战略要求编制。

包括三年、五年的发展目标，达成目标的方式及衡量标准；

目标对组织的规模与能力要求，分解专业职能模块责任目标；

确定市场、服务、产品、技术、工具、人才、文化等资源价值状态数据指标。

三年、五年发展规划的经营管理约束力，体现出企业经营管理规范性。

经营定位是否明确，取决于发展规划的合理性、具体性。

经营管理混乱的根源：

首先在于发展规划不具体、不合理；

其次在于发展规划对经营管理的行为约束力不强。

3. 如何制定承上启下的发展规划

能力发展规划的设计编制复杂性高于战略定位。

价值战略定位缺少能力配套规划，必然成为空中楼阁；

成为行业的龙头企业，可能只是梦想；

设定了市场、产品、技术、组织、品牌、服务等价值目标才能实施。

战略始终无法落地的根源就在于规划不具体。

什么时候达成目标，达成目标需要什么样的组织与能力？

市场、产品、技术、组织、品牌、服务等目标，谁来承担实施与达成的责任？

缺乏严谨的目标分解与责任落实，以及管控措施，战略仅仅是战略而已。

能力发展规划具有承上启下的功能。

缺失能力发展规划则价值战略无法落地，这是承上功能；

能力发展规划不具体，资源配置和运营管理混乱，这是启下功能。

什么时候需要什么人、需要多少人，什么时候需要什么团队，团队必须达到什么能力状态，什么时候必须配置什么资源，资源价值达到什么标准等。缺少这些能力要求要素，战略在实施过程中就会陷入混乱。

战略目标总是落空，必须反思规划的合理性、严谨性！

能力发展规划是对价值战略定位进行细致分解。

一是发展周期规划。

长远价值战略定位通常需要划分为几个周期实施；

每个规划周期通常跨度为 3 ~5 年，包括目标、策略及路径。

二是组织发展规划。

目标、策略、路径、周期确定之后，谁来做、做什么、做到什么程度？

需要什么样的组织、规模多大、责任怎么界定、需要什么样的能力？

这些问题必须在组织发展规划中明确。

组织规划、组织能力培育要求不清楚，发展规划也只是空架子。

三是资源配置规划。

资源配置规划相对复杂，它以市场竞争力目标为依据。

确定技术领先战略，自然是以技术资源为核心来配置其他资源；

以品牌营销优势为竞争力核心，则市场、服务、品牌资源就成为配置重心。

成本领先、产品领先等不同竞争力定位，资源配置要求不同。

完善的发展规划，有目标、周期、路径与模式，有价值责任、能力要求界定，有市场、产品、技术、服务、人才、资金、品牌、文化等要素资源配置需求数据。

4. 高管经营会讨论重点

（1）企业战略定位是否无法落地实施？

（2）企业战略定位是否有具体的发展规划支撑？

（3）发展规划是否有具体的数据目标？

（4）发展规划是否有组织、团队、人才数据目标？

（5）发展规划是否有目标达成责任与权力界定？

问题4：如何有效抓住利润

1. 针对问题

过程管理浮于事务性层面；

沟通协调工作量大难度高；

价值、能力、业绩评估缺乏数据依据；

最终导致利润目标不可控。

战略以价值为核心、规划以能力为核心、计划以利润为核心。

价值战略目标设定注重理想性、梦想性、激励性。

能力规划目标的设定必须具体化、明确化、数据化、责任化。

经营计划目标必须具备合理性、严谨性，业绩指标化。

没有经营计划的企业比较少，经营计划管理完善的企业也比较少。

经营计划是管理的依据，行为的一致性取决于经营计划管控能力。

经营计划管理容易出现以下问题：

一是计划与规划的衔接性差；

二是计划与绩效指标的联系不密切。

2. 利润经营计划功能

战略立足于形成价值竞争力；

规划立足于形成能力竞争力；

计划立足于利润增长目标管控。

没有利润增长，能力提升与价值竞争力提升都是空话！

经营目标计划基于利润与效益进行编制；

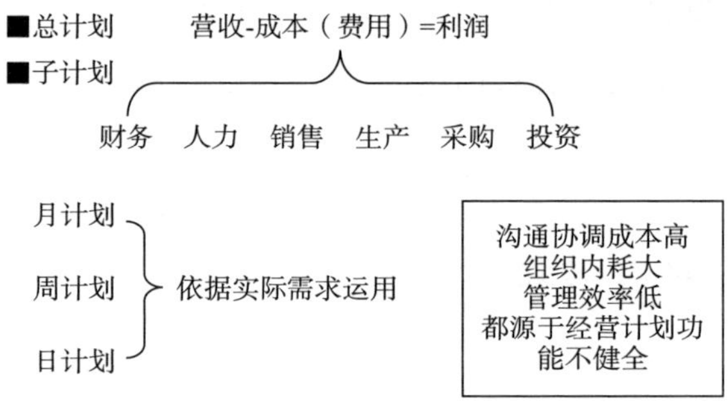

图 7-4 年度经营计划

经营计划是发展规划的分解细化，是经营管控行为的总纲要。

发展规划的周期跨度 3~5 年，经营计划以年度利润目标为核心；

经营计划横向分解为各职能或模块，甚至岗位的成本费用子计划；

经营计划纵向分解为月度及周工作目标、责任、效益计划。

经营计划的核心骨架为财务预算，配套其他职能计划。

经营计划的严谨性、可控性，影响经营过程的平稳性、顺畅性。

3. 如何编制可控的经营计划

战略定位让企业拥有清晰的梦想与蓝图目标；

发展规划使企业完成了发展建设的施工图；

有施工图，接下去就是全力以赴地创造、建设施工！

全力以赴地做，说起来容易做起来难。几十人、几百人、几千人做一件事情，要协调、高效，不要出问题、不要有障碍，必不可少的就是行动计划。

计划管控不到位，做的过程与效果必然事倍功半。

战略实施最重要的是信心与信念；

发展规划推进最重要的是具体与合理；

经营计划实施的关键是严谨与可控。

战略、规划是纸上谈兵，无须太多的资本和资源投入；

计划实施则不同，投进去的都是真金白银；

计划目标不可控，行为导致的结果可能是亏损。

经营计划是发展规划的分解，同时又是完整的管控依据及评价指标体系。

年度经营计划的核心要素是营收、成本费用及利润目标。

年度经营计划的利润、成本、费用目标，横向按职能分解为模块子计划，通常为营销、制造、运营三大模块，各模块内部根据要求进一步分解。

年度经营计划纵向按时间周期分解为月度计划、周计划，甚至日计划。

经营计划、职能计划、周期计划，以利润目标为导向构成组织行为经纬网络。

计划既是协调工具，又是管控依据，还是价值、能力结果的评价标准。

利润超额完成，谁的价值与能力贡献大，一目了然。

利润目标未完成，谁的责任或能力不到位，一览无遗。

价值贡献大小、能力强弱明确区分之后，激励与鞭策则简单易行。

年度经营计划管控，最可怕的状态就是无法记功、无法追责！

计划目标完成了，功劳没有通过利益分配和职级晋升体现出来。

计划目标未完成，责任没有通过利益损失和职级下降体现出来。

多数企业的经营计划管控存在这种明显缺陷！

4. 高管经营会讨论重点

（1）企业是否实施年度经营计划管控？

（2）经营计划是否与发展规划关系密切？

（3）经营计划是否设定明确的利润目标？

（4）利润、成本、效益指标是否落实到关键岗位？

（5）计划达成状态是否直接影响薪酬、奖金、福利结果？

问题5：如何形成良性循环发展态势

1. 针对问题

经营业绩不稳定，随市场变化起伏；
经营流程不完善，利润成本不可控；
价值、能力竞争力优势提升艰难。

吃着嘴里的、看着碗里的、想着锅里的，才能吃饱吃好；
为什么企业怎么努力都走不上良性发展正轨？
不是这里出问题，就是那里有障碍；
前年还一帆风顺，去年就摇摇摆摆，今年就气喘吁吁。
未来，要求经营者具备春播、夏耘、秋收、冬藏价值培育意识；
到处游猎、寻找市场机遇盈利，只能让企业饥一顿饱一顿。

行业形态、产业结构、市场、产品、服务、技术等竞争发展变化越来越快，今天的畅销产品，明天还能否卖得出去？今天的服务模式，明天是否还存在？今天的业务模式，明天是否会消失？

这些问题企业不高度重视，必然无法维持良性循环发展状态。

2. 价值经营循环流程

形成良性循环态势则持续稳定发展；
陷入恶性循环状态则起伏、停滞、衰退。
决定良性或恶性发展的根本就是经营流程的健全性。
包括战略、规划、计划三个核心环节。
战略定位功能缺陷意味着发展状态的不确定性；
发展规划功能缺陷意味着发展过程的不平衡性；

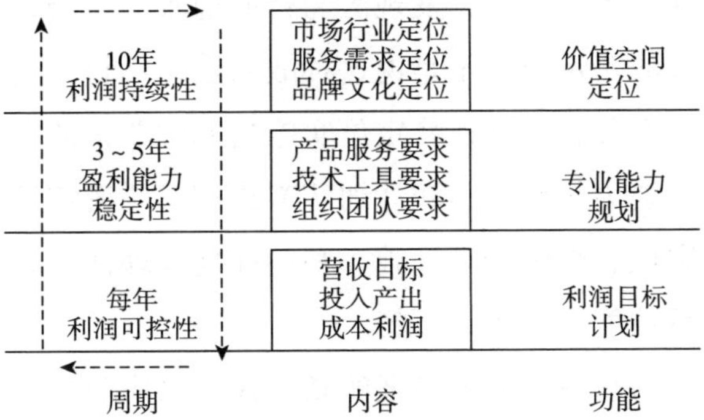

图 7－5　经营流程循环体系

经营计划功能缺陷意味着利润结果的不可控性。

不确定性导致企业随时可能陷入萎缩或衰退；

不均衡性导致企业发展障碍重重、问题不断；

不可控性导致企业组织效率低下、效益不良。

把握住价值定位、能力培育、利润增长，是稳定生存、良性发展的根本。

3. 如何确保价值系统的有序运行

价值战略定位、能力发展规划、利润经营计划构成竞争力支撑体系。

经营流程体系不完善，吃了上顿没下顿；今天盈利不确定明天是否还能盈利。

没有健全经营流程体系功能，肯定无法形成市场价值竞争力。即使构建了经营流程功能体系，也不能确保市场竞争力能够形成和可持续。

市场价值竞争力形成、维持、提升的影响因素不少。

战略、规划、计划企业都会制定，为什么企业没有市场竞争力优势呢？

这就必须谈到经营流程体系运行的良性循环问题。

战略定位与组织能力是否匹配，直接影响经营流程的运行状态；

一直做建材生产与销售，发现医药行业前景更广阔，突然来个医药产业的市场价值战略定位。不是说这种战略定位不行，而是组织能力与战略定位需求不匹配，这种战略定位实施的基础非常薄弱。

价值定位、能力规划、利润计划环节内在关联密切性影响；

市场价值定位、组织能力基础、利润计划合理性之间相互匹配，企业经营流程体系功能运行才能顺畅。

战略定位成为品牌影响力最强的新型建材供应商——却没有建材研发人员、研发机构、研发团队，也没有品牌建设方面的持续性投入。这就是市场价值定位与组织能力基础不匹配。

战略定位培育品牌影响力优势，可是每年还是同样的销售模式、同样的产品生产，品牌建设与推广根本就没有计划也没有行动。这就是战略、规划、计划之间缺乏内置价值关系支撑。价值、能力、利润逻辑关系处理，是企业能否形成良性循环发展的基础。

组织责权、利益分配、文化管理机制状态，影响经营流程运行的流畅性；

高度集权或不及时追责，利益均沾，缺乏成就感与归属感等机制状态，导致心态、精神与风气负面被动，同样严重阻碍经营流程功能的运行效率。

企业与外部市场关系的和谐性，也将影响经营流程的运行状态；

企业与上下游合作者关系对立，与行业、职能管理机构关系不融洽，企业监管职能部门工作配合不密切等会给企业带来不少运行阻力。

确保企业经营流程的良性循环，促进企业市场竞争力的形成和保持，必须关注并处理好以下问题：

一是资金、人才、组织、技术等核心资源的配置不能脱离战略与规划约束；

二是树立战略、规划、计划在经营管理过程中的权威性；

三是贯彻组织激励与鞭策机制的公正性、公平性、公开性；

四是及时评估战略、规划、计划的合理性，并持续调整完善维护均衡发展。

企业构建了市场竞争力培育体系，并有能力维持这个体系的良性循环运行，才能最终形成和保持市场竞争力优势。

4. 高管经营会讨论重点

（1）企业经营状况是否持续稳定？

（2）企业经营业绩是否受市场环境起伏的控制？

（3）企业确定的利润目标是否能够完成？

（4）企业的市场、产品、技术、团队发展目标是否具体？

（5）确定的竞争力、价值创造能力发展目标是否能够达成？

问题6：决策者怎样才能胸有成竹

1. 针对问题

决策者忙忙碌碌、埋头苦干；

领导者事无巨细、事必躬亲；

方向不明、目标多变、指令频繁。

经营决策者，领导是干什么的？古人说：“居上者闲。”为什么要闲？

企业没有梦想，战略蓝图不清晰或缺乏激励性，说明领导平庸；

价值发展、能力培育目标不明确，或缺乏目标数据支撑，说明领导不合格；

经营计划不严谨，或利润目标不可控，说明领导不称职。

经营决策者忙碌，肯定经营管理问题不断；

并非是问题不断让决策者忙得不可开交；

而是决策者忙得不可开交让企业问题不断！

塑造梦想、定位价值、设定目标、管控计划需要决策者气静神定、悠闲自在。

企业忙乱的根源其实就在于领导；所谓将帅无能，累死三军！

2. 经营决策者的核心工作内容

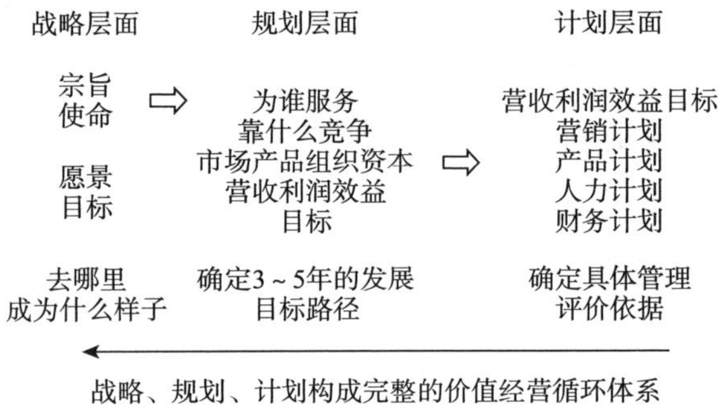

图 7－6　经营决策者的核心工作责任与内容

居上者闲，这个闲是身闲而非心闲，所谓气定神闲。

但凡决策者忙忙碌碌，这家企业难免陷入平庸；

但凡决策者悠闲自在，这家企业必定运行顺畅。

经营决策者的工作量大，不在于眼耳手脚之忙而在于心脑神灵之忙。

外部价值需求变化趋势，内部能力支撑发展状态，脑中有画面；

价值创造、能力体现、利益分配激励模式，心中有图谱；

变化信息、状态数据、责任指标的调控处理就是经营首脑的核心工作。

框架性、核心类经营管理工作不完善，企业就没有良性发展的基础！

3. 经营决策者该做什么

企业的决策者很忙，为什么？

因为眉毛胡子一把抓！

财务资金支出、人事人员异动、业务合同、采购协议、奖优罚劣、制度、流程、通知、通告发布等一系列事务，都需要决策者签字同意方可实施。

通常企业经营决策者，要么在开会，要么在签字，要么有人追着要签字。

企业决策者的忙乱状态，有悖中国传统“居上者闲”的组织管理理念。

领袖和统帅都在前线开枪、投弹，这个组织或队伍最终会成为什么样子呢？

企业的许多经营决策者，并没有承担起自己的责任！

一是不知道自己该做什么、不该做什么。

许多经营决策者的工作习惯是，看见什么管什么，听见什么做什么。

雷厉风行、及时处理、迅速反应，把对战士的要求套在了将军与元帅头上。

二是不清楚事必躬亲对组织发展的危害性。

资金与资产配置管理谁更专业？当然是财务职能管理者。

企业中资金与资产调拨管理听谁的？当然是经营决策者。

不仅仅是财务事务，市场、制造、人事、采购，甚至是技术职能方面的事务，通常都由经营决策者掌控。

舵手充当水手的现象，在企业经营管理中非常普遍。

企业决策者到底该做什么呢？

一句话，构建市场竞争力培育体系，并维护经营机制流程的运行顺畅。

三个责任，价值定位明确、能力规划具体、利润计划细致；

为企业描绘一个远大理想，并让大家充满为该理想奋斗的热情与乐趣；

关注未来经济、行业、产业、市场发展趋势，设定企业发展目标规划；

每年跨年之际，全力以赴设定好来年的经营目标；

跟踪督促目标的分解落实，确保每个人的责权利明确清晰。

关注、督促、检查计划实施状态，帮扶计划推进短板部门跟上进度。

企业经营决策者能够做好这些工作，堪称尽责和优秀。

4. 高管经营会讨论重点

（1）企业的生存发展顺利吗？

（2）企业存在老大难问题的根源在哪里？

（3）经营决策者是否非常忙碌？

（4）管理者是否有足够的工作权限？

（5）员工是否对企业的未来充满希望？

第八章　企业能否消除能力结构短板

把握趋势就是弄清楚方向，不要走进死胡同；

理清问题就是弄清楚自身状态，有什么、缺什么、需要什么？

确定策略就是想清楚怎么活，怎么活得更轻松、更长久？

定位价值就是想清楚依靠什么活得轻松、长久？

这些经营性工作，仅仅是看看、想想、写写、画画的推敲确定；

就是目标、路径、模式、方法的设计工作，生存发展的谋篇布局工作。

目标能否达成、策略能否实施到位，最终还是要依靠组织价值创造能力！

培育组织能力是价值创造行为过程，即在奋斗中成长、在战斗中锻炼。

组织能力培育过程，伴随企业价值创造生存发展的时时刻刻。

没有能力支撑，或战斗力不足，所有经营目标设定都毫无价值！

经营为管理定位，管理为经营服务；经营确定目标管理达成目标；

经营没有目标定位，价值创造管理就没有基础。

价值创造管理规范、有序、高效，目标才能转变为现实。

价值创造能力培育、发挥就是管理的核心内容。

规模竞争优势，需要企业组织具备什么能力？

强大的融资与资本运营、资产管理能力就是核心。

技术与产品竞争力优势，需要企业组织具备什么能力？

出色的技术研发、应用，产品设计、制造、检测、推广上市专业能力。

企业有没有值钱的东西，或有多值钱的东西，是市场价值竞争力状态的表象；

企业能否制造出值钱的东西，才是市场竞争力的核心；

市场竞争力离不开组织竞争力的支撑，组织竞争力需要市场价值定位的引导！

——企业为什么难以形成组织创造力？

第一，有没有具体价值创造目标？

影响企业组织价值创造能力的首要因素就是经营定位；

没有梦想、目标含糊、行为不可控，或战略漂移、规划散乱、计划无序，或战略、规划、计划没有约束力，企业不可能培育出价值创造力或组织竞争力。

要去哪里不确定，为谁创造价值不确定，要创造什么价值不确定，要具备什么能力也不确定，如何培育能力呢？培育什么能力呢？

许多企业年复一年、日复一日地经营，就是循环往复地做业务赚钱，至于能力提升、价值创造大多顺其自然。

经营定位随意，战略、规划、计划管控不严谨，资源配置不聚焦的意识与习惯，是组织价值创造力、市场价值竞争力培育的首要障碍。

第二，有没有工作价值创造基础？

经营定位完善，战略定位目标稳定、能力发展规划目标明确、利润经营目标计划严谨，资源配置数量与质量有没有问题呢？

人力经理只知道招聘、培训、考勤与薪酬核算，不具备制定与企业发展规划匹配的人力资源规划，不知道如何活化人力成本，不清楚如何管控组织效率。

营销总监只知道销售产品，根据确定的销售目标督促团队完成销售任务；不清楚客户需求变化，不懂得引导产品调整，不善于推动服务模式的改善优化。

产品、技术、供应、财务经理等，只会做一些专业业务和事务性管理工作；相关重要岗位人员配置的数量与质量存在明显局限性，企业组织的价值创造力培育基础则非常薄弱。

人才、工具、资产、机制、制度、流程等的专业程度与水平，决定企业的组织能力或竞争力状态。管理的核心就是持续提升市场营销、产品制造、团队与组织、资金与资本的运行质量与效率，从而形成组织价值创造力竞争优势。

第三，有没有工作价值创造团队？

经营定位明确，资源配置充分，组织职能功能是否完整呢？

市场营销能力不错，生产制造能力也不弱，但综合运营能力存在明显短板；或者制造能力不错，营销能力不足；或者制造能力不错，技术研发能力不足等。在这种状态下，企业组织的整体价值创造力将大打折扣。

市场客户服务专业职能功能是否健全？

没有客户、市场、订单、消费需求，有能力制造出值钱的东西，卖给谁？

产品制造与服务提供专业职能功能是否完善？

有订单、客户、市场、需求，谁来满足、谁来提供服务？

价值整合与管控专业职能功能是否完整？

营销、制造、资金与资产、目标、计划、制度、流程、人才、团队、组织等要素，如何围绕核心竞争力形成组织专业能力？

资源配置调控专业职能功能是否强大？

订单不足、产能不足、人力不足、品牌影响力不够，资产过剩、产能过剩等运营失衡问题如何调控平衡？

组织结构和管理部门如何设置并不重要，重要的是这些专业职能功能必须配置齐全，并力求均衡。

第四，有没有工作价值创造空间？

经营定位、资源配置、组织功能结构都没有问题，影响组织价值创造能力的重要因素就是职能模块及岗位的自主工作空间问题。

各层面岗位的自主工作空间有限，养成了没有指令不知道干什么的被动工作习惯。企业应该注重目标、指标与结果管理，而放松过程与具体方式方法监管。

没有自主工作空间就没有创造力发挥的空间，这一点值得经营者高度关注。

严谨目标设定、严格计划管控、严厉指标管理，宽松授权、及时追责，激励价值创造、公平分享利益，塑造梦想、激发热情，是企业组织竞争力培育与提升的根本路径。

组织价值创造力的培育与发挥，远比价值经营定位涉及的因素更多、流程更复杂、过程更漫长。组织价值创造力与管理能力的培育，几乎涉及所有的岗位，牵涉所有的工作制度与流程。

问题 1：市场竞争需要什么基础支撑

1. 针对问题

战略发展规划实施推进效果差；

资源配置不聚焦或运营散乱失衡；

利润、成本、效益目标可控性差。

决定人有没有钱，拥有多少财富的关键是什么？

家庭、教育、环境有影响，关键因素还是为人处世和谋生能力。

决定企业利润、成本、效益状况的关键是什么？

经济环境、行业竞争、自身资源等有影响，关键还是企业组织价值创造能力。

有谋生能力优势的人，无论环境如何，不可能缺钱或无法养家糊口。

有价值创造力优势的企业，无论市场环境如何，不可能弱小或无法生存。

企业经营管理的核心在于塑造组织价值创造能力！

2. 市场价值与组织能力关系

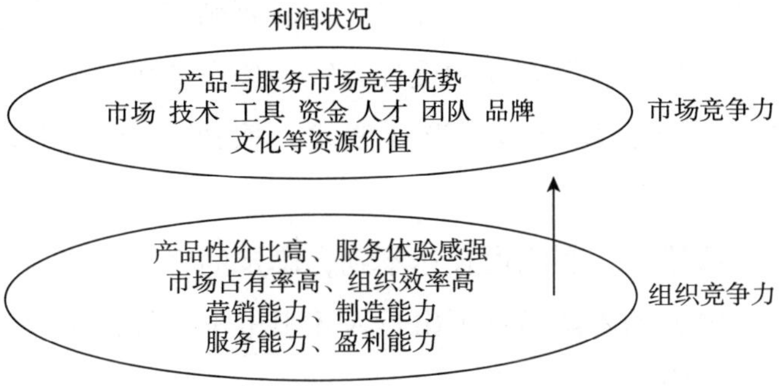

图 8－1 市场价值与组织能力关系

经营导向是构建市场竞争力，经营核心是谋求资源价值优势。

确定什么东西在市场上比较值钱！

管理的导向是组织竞争力，管理的核心是塑造价值创造力优势。

塑造创造值钱东西的独特能力！

资源价值不会从天上掉下来；值钱的东西需要组织创造出来。

组织竞争力是市场竞争力的基础——

做不出好产品、提供不了优质服务；

培育不出人才、锻造不出团队；

拓展不出市场、树立不了品牌；

竞争力何来？利润效益何来？

没有能力做出值钱的东西，知道什么东西值钱也毫无意义！

3. 缺乏市价值还是组织能力

有市场价值定位，完善市场竞争力体系，还不能获得市场竞争力优势。

战略定位、发展规划、经营计划的完善，只是为市场竞争力奠定基础。

市场竞争力体系或经营流程的完善，只是完成了谋篇布局工作；

形成市场竞争力、获得竞争优势，还需要循环往复的实施过程。

还需要依据这个谋篇布局的设计方案，建设市场竞争力大楼。

大楼能否建成，能否达到设计要求，取决于企业组织价值创造能力。

确定的营收增长、利润增长达不到，确定的客户、产品、技术开发任务完不成，需要的团队培育不出、人才引进不了等，企业的战略、规划、计划完善也没有实际意义。

市场竞争力如果没有组织竞争力的支撑，则空空如也！

有没有客户想要的产品和服务？

产品客户都抢着买，服务消费者都排队消费，这就是市场竞争力！

市场竞争力如此简单，怎样才能获得好产品或服务呢？

做产品要了解市场、掌握技术、更新工具，需要专业人员、积极的团队、充裕的资金等。专业的人员、积极的团队、和谐的组织，需要优秀的思想、正确的理念、深厚的文化基础等。

这些资源价值的创造与积累则需要依靠组织竞争力来完成。

组织竞争力的本质就是资源价值整合、挖掘、创造能力。

好产品不会从天上掉下来，也无法用金钱直接购买。

资源价值优势要依靠整合、挖掘、塑造、积累、沉淀才能获得！

产品服务需要对很多要素资源进行整合。

各类要素资源的功能价值规律不同，需要不同的专业管理能力。

产品服务需要几十人、几百人、几千人共同来做。这么多要素资源，这么多人堆在一起，没有章法、没有规矩就会乱七八糟。

价值整合创造能力及组织管控能力，就是企业最稀缺的组织竞争要素。

市场竞争力，就看企业有没有值钱的东西！

组织竞争力，就看企业能不能做出值钱的东西！

它们之间存在密切的逻辑关系。

市场竞争力是组织竞争力的结果体现，组织竞争力决定市场竞争力！

4. 高管经营会讨论重点

（1）企业的产品与服务是否具备竞争力优势？

（2）产品或服务缺乏市场竞争力的根源在哪里？

（3）发展规划中是否有产品、技术、服务改善优化目标？

（4）产品、服务缺乏竞争力是否受到人才、团队因素的影响？

（5）企业的产品研发或优化更新计划详细吗？

问题2：如何厘清价值与能力体系结构

1. 针对问题

企业遭遇发展瓶颈，老大难问题不断；

经营定位与能力管控关系理不顺；

经营效益、管理效率难以提升。

做企业最难的不是赚钱，而是培育出独特的赚钱能力！

企业一旦拥有独特的系统化赚钱能力，赚钱是比较简单的事情。

企业盈利能力或价值创造力是相对复杂的功能体系。

决策者的眼界与抱负，投机钻营企业肯定做不大，也做不长久。

组织的梦想与使命，一心只想赚钱，肯定赚不到大钱和长久地赚钱。

人的心态，多数人混日子、不勤奋、不拼搏，企业肯定发展不好。

团队精神与组织风气，相互扯皮、相互推诿、相互抱怨，企业跑不起来。

还有战略、规划、计划管控、市场营销、产品制造、技术研发、人才培养、业务整合、资本运营等专业能力体系完整性，直接影响企业组织价值创造能力。

企业价值经营能力管理体系功能不健全，不可能形成组织竞争力！

2. 价值经营能力管理体系要素

市场竞争力能否形成依赖经营流程的完善性——

价值定位明确稳定，战略坚定并具有激励性；

能力规划清晰具体，规划具体资源与能力配置目标明确；

目标管控严谨细致，利润、成本、效益指标具体并分解细致；

评估优化客观及时，利益分配、奖罚、激励与鞭策有力。

这是企业经营流程是否完善的判断标准。

能力培育发挥是管理的根本，是市场价值竞争力的基础——

价值变现及时，订单进来、产品出去保障能力；

价值创造高效，产品与服务价值创造与制造能力；

价值整合广泛，人才、团队、组织塑造与发展能力；

价值调控均衡，资金、资产、资源运行平衡能力。

这是企业价值创造系统功能和组织竞争力基础是否完善的标准。

缺乏市场价值竞争力或盈利能力不强——

首先反思经营定位问题；其次审视能力管控体系功能问题。

经营谋篇布局设计规划存在问题，能力管理如何挣扎都徒劳无功！

经营价值定位完善，价值创造能力功能不强，价值经营如同水中捞月。

管理推进价值创造积累，经营目标的虚实性取决于管理能力。

价值经营与能力管理，市场竞争力与组织竞争力，共同构成盈利核心骨架。

任何环节的缺失或功能价值关系的错乱，都必将影响企业的利润结果！

3. 理顺经营管理内在逻辑关系

企业经营及管理不规范的意识与行为比较普遍；

经营转型、管理升级的前提，首先在于理顺经营管理逻辑关系。

对已经养成诸多习惯的经营管理者而言，理顺经营管理关系并非易事。

理不顺价值定位与能力支撑逻辑关系，经营管理混乱局面难以改善！

没有战略、规划、计划就没有管理，经营有定位，管理才有依据。

战略东拉西扯、规划若有若无、计划不及变化则管理必然混乱；

战略有目标、规划有数据、计划有指标，管理必然简约高效。

这就是理顺经营管理关系的关键，道理看似简单，处理并不容易。

决策者经营责任不到位，管理者疲于奔命、徒劳无功；

决策者善于谋篇布局，管理团队能力不足，经营只是画饼充饥。

经营定位简单，战略明确、规划具体、计划细致，但做到位不容易！

能力管理复杂，营销、制造、营运、财务职能功能，健全完善更不简单。

价值与能力逻辑关系、运营责任与权力界定必须清晰，否则相互纠缠干扰！

4. 组织竞争力系统功能构建

盈利能力不强的企业，普遍存在经营管理体系功能结构性缺陷。

制造型企业通常市场营销能力不强；

营销型企业通常产品与技术能力不足；

人力与组织运营能力弱则是企业的通病。

经营决策者的眼界与格局，心态、精神与风气管理，工作责任与权力均衡、市场价值定位、工作目标管控、行为激励驱动等诸多要素的非规范管理，都不同程度地影响市场竞争力的培育与形成。

具备健全的经营管理体系功能，全面关注企业市场竞争力、组织竞争力、文化竞争力培育者，才能在激烈的竞争中脱颖而出。

消费时代不同了、市场竞争环境不同了，存在价值经营与能力管理体系功能缺陷的企业，很难持续发展甚至无法生存。企业的能力培育，首先必须从健全自身的经营管理体系功能开始。

经营管理体系功能结构，包括价值经营系统和能力管理系统两个方面。

价值经营系统包括价值定位、价值培育、增值管控、结果评估。

能力管理系统包括营销能力、制造能力、运营能力、财务能力。

经营管理体系功能存在缺陷的企业，随时可能遭遇发展瓶颈。

经营为管理定位，管理为经营服务。不仅确定了决策与管理的工作关系，还明确了市场竞争力与组织竞争力的内在关系。组织竞争力是市场竞争力的核心，市场竞争力体系是组织竞争力形成的目标导向。

企业组织竞争力体系的基础就是专业职能功能体系，包括市场营销、产品制造、运营管控、资产财务四大专业模块。专业职能功能不全的企业，难以形成组织竞争力优势。

5. 高管经营会讨论重点

（1）企业的经营管理体系机制功能完善吗？

(2) 企业经营与管理的责权界定清晰吗?

(3) 企业的职能功能结构完善吗?

(4) 是否存在市场、产品、人才、资金方面的短板?

(5) 如何理解市场竞争力与组织竞争力相互依存的关系?

问题3：如何健全价值创造职能体系

1. 针对问题

产品、服务缺乏市场竞争力；
人才、团队无法满足发展需求；
规划与计划目标达成概率不高。

人有头、有身、有四肢，树有冠、有干、有根；

任何生命运动都需要具备特定的组织机能结构。

飞禽、走兽、鱼游、蛇行都有支撑生存优势的体态机能。

企业组织竞争力，同样需要完善的机能结构支撑。

确定价值经营定位后，构建塑造专业职能组织成为战略成败的关键。

组织机能结构不完善，缺胳膊少腿，组织的整体能力必然残缺。

规模、行业、业务模式，市场定位不同，组织结构与机能有所区别；

价值经营与能力管理的主体性、基础性功能结构都必须具备。

2. 组织竞争力体系要素

企业组织竞争力是以市场为导向的专业价值创造能力。

市场价值导向不明确的职能组织，难以形成专业能力优势。

做制造，做服务，还是做综合平台?

不同价值定位需要不同的专业职能能力支撑。

通用职能专业能力系统，包括营销、产品、运营、财务模块；

职能涵盖市场、产品、组织、资本、服务、技术、文化等价值创造责任。

须具备推动营收增长、产量提升、组织效率提升、利润增长的核心能力。

市场定位、能力培育、价值创造，共同构成组织竞争力系统机能。

3. 组织竞争力构建内容

市场竞争力的核心是价值，组织竞争力的核心是能力。

价值的外部导向是市场客户，能力的内部导向是企业组织。

组织竞争力体系的构成复杂，涉及因素多。其核心构建依据是市场要求或客户需求，或者说企业战略定位与发展规划目标要求。市场需要什么、客户需要什么，企业组织就必须具备创造什么的能力。

组织竞争力体系主体内容就是专业职能能力的塑造。

包括市场营销、产品制造、运营管控、资产财务四大专业能力的培育。

无论规模大小、部门多少，都是四大职能模块的细分，只是细分程度不同。

市场营销职能的目标价值资源，包括客户、服务、品牌；

市场营销职能的核心责任，就是培育客户、服务、品牌价值竞争优势。

评价营销职能能力的根本依据，就看客户群体、服务规模与质量、品牌影响力的提升状态。包括销售增长率、客户满意度、品牌价值贡献、市场占有率等。

产品制造职能价值目标资源，包括产品、技术、工具；

产品制造职能的核心责任，就是培育产品、技术、工具价值竞争优势。

评价产品制造职能能力的根本依据，就看产品性价比、技术创效、工具效率价值状态。包括产能均衡性、产品更新周期、产量增长率、技术贡献率、营销满意度、作业效率等。

运营管控职能的核心价值目标资源，包括人才、组织、文化；

运营管控职能的核心责任，是打造人才、组织、文化价值竞争优势。

评价运营管控职能能力发挥的根本依据，就是人才培养、组织健全、文化激励竞争力状况。包括人才匹配性、组织效率增长率、员工满意度、人力成本效率。

资产财务职能的核心价值目标资源，就是效益、资产、资金；

资产财务职能的核心责任，就是打造资本价值增值竞争优势。

评价资产财务职能能力的根本依据，就是资金周转、资产增加、效益提升状况，包括现金流稳定性、资金周转率、资产增长、利润增长率等。

许多企业组织架构齐全，似乎价值经营与能力管理机能都健全。

但组织缺乏战略规划或市场竞争导向特征；

组织与战略定位、发展规划目标导向之间的关系不密切；

组织在导向不明、责权与利益失衡的机制基础上，难以形成或发挥能力优势。

因此，看上去齐全的职能管理都是个空架子！

4. 高管经营会讨论重点

（1）企业组织竞争力职能结构是否完善？

（2）市场、产品、组织、资金核心要素配置是否均衡？

（3）营销、制造、运营、财务职能能力是否有评价依据？

（4）组织架构与战略规划、业务主流程关系是否密切？

（5）组织管控责权、利益机制是否健全？

问题4：如何塑造组织竞争力

1. 针对问题

战略、规划、计划目标达成率低；
经营管理过程问题多、组织效率低；
市场、产品、人才、资金总是存在短板。

价值交换、价值制造、价值整合、价值调控能力共同支撑组织竞争力。

营销、制造、运营、财务四大职能共同努力，才能培育形成组织竞争力。

组织竞争力形成的基础，是企业具有良好的经营定位功能；

即战略定位、发展规划、经营计划明确、具体、清晰。

组织竞争力形成的关键就在于专业职能管理系统功能。

组织竞争力的塑造、培育、维护、提升责任在于专业职能管理团队。

市场营销、产品制造、组织运营、资产财务专业能力全部健全的基础上，企业组织竞争力才能形成。任何一块短板都会影响整体能力的形成与提升。

2. 组织竞争力结构要素

经营者的核心职责是构建市场竞争力体系功能；

通过战略、规划、计划方式，解决方向性、基础性问题。

管理者的核心职责是构建组织竞争力体系功能；

塑造市场、产品、人才价值优势，达成利润目标、完成管理服务任务。

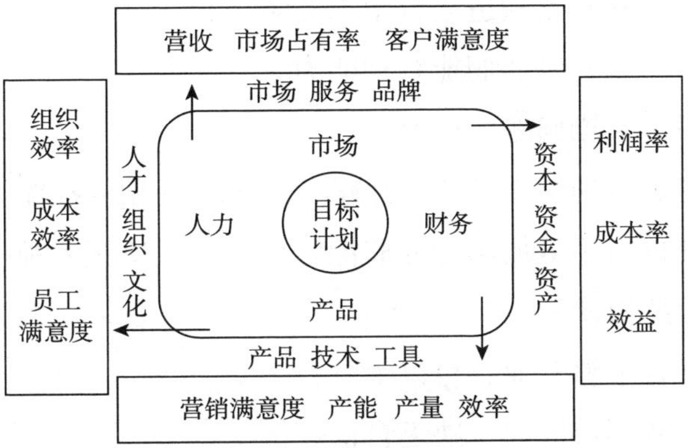

图 8-2　组织竞争力

组织竞争力体系包括价值交换、创造、整合、平衡系统功能；

营销、制造、运营、财务专业能力就是组织竞争力的核心内涵。

营收、市场占有率、客户满意度升降体现营销能力状态；

作业效率、产量、营销满意度升降体现制造能力状态；

组织效率、成本效率、员工满意度升降体现运营能力状态；

利润、成本、效益指标升降体现财务能力状态。

管理团队的核心职责就是能力提升，管理能力就是组织竞争力的核心支柱。

3. 管理团队的核心职责

经营决策者，完成了梦想与目标的设定，即战略定位、发展规划、经营计划明确具体，则完善了市场竞争力培育体系基础的构建工作。

在经营流程机制健全的基础上，生存发展责任就落到职能管理团队的肩上。职能管理团队结构完整性、专业能力水平程度，决定企业利润、成本、效益状态。

经营定位确定市场竞争力目标；

能否形成市场竞争力取决于组织竞争力。

管理核心目标就是塑造培育组织竞争力！

组织竞争力就是专业职能管理能力。

经营管理老大难问题的原因——

一是经营定位功能不健全，战略、规划、计划管控能力不强；

二是管理权力不下放给专业职能管理团队，决策者独断专行。

更深层面的根源——

一是经营者不够专业，自以为是；

二是经营者不敢放权，缺乏自信；

三是经营者不知如何管控，缺乏系统方法。

要彻底解决这类问题，消除这些顾虑，除了经营决策者自身的素质素养提升，理解掌握授权与管控方式方法非常重要。

管理能力如何评估或评价？

第一类指标：利润率、成本率、效益增长率；

经营性指标与整体管理团队业绩挂钩，形成团队与企业责权利全方位一致性。

经营风险大家承担，经营成果大家分享！

第二类指标：营收增长率、产量增长率、组织效率增长率；

管理类指标分别与营销、制造、运营职能团队挂钩，形成管理责权与职能价值界定、评估、激励与鞭策基础；促进内部良性竞争、比拼发展模式。

第三类指标：客户满意度、员工满意度、品牌忠诚度。

综合性指标与相关职能模块及岗位挂钩，形成追求市场价值、组织价值、企业价值目标的工作风气与氛围。

如何界定及评价管理团队责任？

对市场营销管理者评价市场、服务、品牌资源价值增值状态；

对产品制造管理者评价产品、技术、工具资源价值增值状态；

对运营管控管理者评价人才、组织、文化资源价值增值状态；

对资产财务管理者评价利润、资产、现金均衡性状态。

塑造组织竞争力的体系机制基础——

一是有明确具体的市场竞争力目标定位，不存在经营为管理定位功能缺陷；

二是对管理团队充分授权、及时追责。

缺失这个经营体系基础，管理团队的能力难以形成和发挥；

所谓的市场竞争力、组织竞争力必然成为无根之木！

4. 高管经营会讨论重点

（1）企业组织竞争力是否具备优势？

（2）企业专业职能能力结构是否完整？

（3）企业经营定位系统功能是否健全？

（4）决策者是否善于授权与追责？

（5）价值、能力、业绩评价管理指标是否具体？

第九章　如何夯实市场竞争力基础

客户、市场、消费者是企业生存的基础；

渠道、网络、订单是企业价值运营的源头；

这个基础和源头需要专业的职能团队来打造和管理。

这个职能就是市场管理，这个团队就是营销组织。

许多企业的市场竞争力不足、客户群体不稳定、订单量起伏不定等，首先必须反思企业的市场职能系统功能是否健全？

市场调研分析、市场发展规划、市场开发计划、营销策略制定、销售队伍培育等功能都没有，一群人在卖产品，如何期望市场竞争力提升呢？

即使市场职能健全、营销团队专业，企业也不可能空手套白狼；

企业的利润终究来自产品与服务。

产品不值钱、服务没有吸引力，企业如何拥有市场竞争力？

产品职能、制造团队又是另一个专业领域；

产品发展规划、产品开发计划、专业团队培育，订单、产能、原料、技术、工艺、仓储、物流等能否形成高效的供应链体系，支撑市场营销需求，这才是企业市场竞争力的根本。

企业如何夯实市场竞争力基础？

如何构建优化市场职能、产品职能？

如何管控好销售、服务、品牌？

如何提升产品、技术价值含量？

明确解答这类问题，企业才能形成良好的市场竞争基础。

问题1：如何经营好市场

1. 针对问题

订单、销量、客户不稳定，市场波动业绩影响大；

设施设备闲置、产能过剩，开工率常年不足；

客户服务能力、品牌影响力难以提升。

营销专业职能是组织竞争力第一支柱。

好酒不怕巷子深，好女不愁嫁的市场时代已经过去了。

精神与斗志对能力的支撑作用无法忽视。

营销能力强大的首要立足点就是狼性精神！

产品、技术、服务、品牌具备市场价值优势，当然最好；

企业不具备资源价值优势时，市场营销职能的能力牵引或支撑尤其重要。

2. 市场营销专业职能系统功能

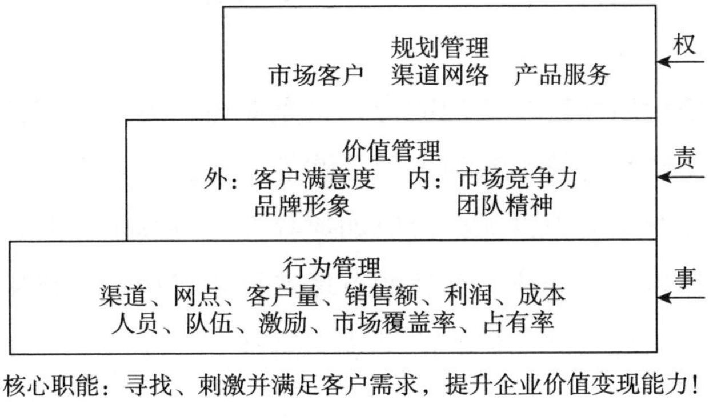

图9－1　市场营销专业职能系统要素

价值交换与变现是企业生存的首要能力；

拿不到订单、实现不了产品与服务销售，企业立即窒息死亡。

价值交换能力取决于市场营销职能专业水平；

如果市场营销具备稻草当作金条卖的专业能力，何愁企业生存！

健全的市场营销专业职能基础要素主要包括：

充分授权的职能基础：

市场发展规划、营销计划的制订权；

规划与计划中明确需要配置资源的自由调配权；

职能范围内自主管控与问题处理权；

没有与专业职能匹配的工作权力，市场营销职能能力难以提升。

及时追责的管控措施：

客户满意度下降、客户流失、销量下降、团队奋斗精神不足、职能工作目标无法达成等情况出现，必须对市场营销管理者追责。

追责不力或不及时，同样严重影响营销职能能力的提升。

不明确市场营销职能管理责权利，企业难以培育出强大的营销职能能力。

3. 市场营销专业职能系统功能构建

有没有订单、客户，产品是否有人采购消费，决定企业的存亡和发展状态；

市场营销价值交换和变现能力，是企业组织竞争力的首要支柱。

埋头生产产品等待销售商上门采购的时代已经过去了；

没有市场营销能力，无论价值如何都无法持续生存发展。

如何构建规范、专业、高效的市场营销职能功能系统呢？

企业都有销售部门，但职能系统功能健全程度低，不规范行为比较普遍。

很多企业的客户管控由经营者自己掌握，营销人员不过是跑跑腿、办办事。

客户是企业的命根子，经营者不放心交给他人管理。

没有核心竞争力的企业，经营者普遍具有这种防范心态。

企业决策者不转变习惯意识，无法构建市场营销职能专业系统功能，肯定成为市场饱和、产能过剩、市场更迭的牺牲品。

市场营销专业职能的首要要求是狼性、拼搏、战斗、奋斗精神；

浴血奋战的精神是市场营销职能能力的基础。

如果解决不了职能运行的责权利机制问题，所谓狼性不过是一种口号！

规范、专业、高效的市场营销职能系统功能，必须解决权责事的界定；

否则，必然存在缺陷与障碍。

权限，包括参与市场定位与发展规划的制定，市场客户、渠道、网络拓展，产品与服务策略的制定，市场相关人、财、物资源的自主调控，目标达成过程的自主管控等。市场营销职能管理者缺乏这些工作权限，能力提升发挥没有基础。

经营决策者在规划与计划框架内，必须给予职能模块管理者充分的授权。

既然有充分的授权，则必须有及时的追责！

责任，就是客户满意度、客户增长量、品牌影响力的提升，以及市场占有率、市场覆盖率的提升。这些价值与能力目标指标能否持续提升，才是经营决策者必须高度关注的问题。目标未达成、指标未完成，则必须按制度规定进行及时追责。

没有充分授权与及时追责机制基础，任何职能专业能力都难以形成和提升。

在责权明确的基础上，再谈事务性的管理。包括客户、订单、发货、物流、资金回笼、人员、队伍、绩效、团队精神等。达到上述职能系统构建要求，企业才能健全好市场营销职能系统功能，才能形成价值交换与变现专业能力优势。

4. 高管经营会讨论重点

（1）企业的市场营销职能功能健全吗？

（2）企业的市场发展规划目标明确吗？

（3）企业的市场营销业绩指标明确吗？

（4）企业的客户满意度高吗？

（5）企业如何获得和管理客户满意度信息？

问题2：如何促进销量提升

1. 针对问题

业务量萎缩、客户流失；

销量难以提升、新客户开发困难；

销售、制造、运营工作关系不和谐。

市场营销职能的首要标准是销量提升能力。

销量提升牵涉整体经营管理要素，但它是营销职能的首要任务和责任。

销量无法持续保持提升状态，营销专业职能能力肯定不足。

销量下滑、订单减少或客户流失有千万种理由；

对营销职能管理者而言，所有的理由都是推卸责任的借口。

市场营销专业职能团队，面对销量下滑或客户流失，必须首先承认自身无能；

营销专业职能的价值就在于保持销量的持续增长！

突破一切障碍保持销量增长的勇气与信心，才能真正体现出狼性！

2. 市场销量关键影响因素

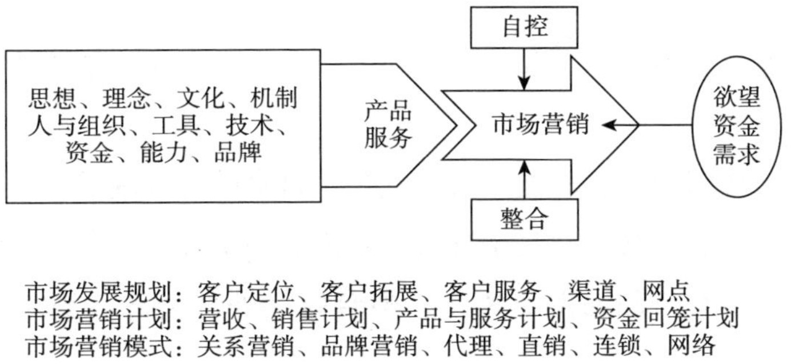

图9－2　市场（销量）

销量提升或增长是营销能力的首要目标；

销量提升不是一个点的问题，而是一个系统功能支撑问题。

销量影响因素主要涉及三个层面：

一是市场发展规划层面，包括客户定位、客户拓展模式与方式；

二是营销计划层面，包括营收任务分配、产品与服务计划等；

三是营销模式层面，包括品牌营销、关系营销、线上、直销、代理等。

职能系统功能完善，功能要素环节之间关系密切，才能维持销量持续增长。

市场营销职能系统仅仅依赖自身的产品与服务，则能力发展空间有限；

市场营销职能专业能力构建，必须立足于企业内外部市场、产品、服务资源的整合与嫁接，销量的持续增长才有足够的空间！

3. 市场营销聚焦销量增长

竭尽全力追求销量增长，销量增长是企业发展最浅显的趋势指标。

销量持续增长意味着企业处于发展上升态势；

销量停滞不前意味着企业处于发展瓶颈状态；

销量下滑意味着企业处于衰退状态。

销量增长是营销职能系统功能的结果，也是组织竞争力体系的状态显现。

组织竞争力不足，产品、服务缺乏竞争力，市场营销职能通常也是一筹莫展。

企业市场营销专业职能，大多立足于自身的资源现状；

市场营销职能必须立足于寻找、刺激、满足客户消费需求的层面；

不局限自有产品与服务销售，整合嫁接外部资源以满足客户消费需求。

从产品销售到价值营销的意识转变，对企业营销能力发展至关重要。

影响市场销量的框架性、结构性、基础性因素，包括市场发展规划的完善性、合理性，市场营销模式的先进性、有效性，市场营销计划的细致性、缜密性。

市场营销系统存在框架性、结构性、基础性缺陷，当销量达到一定程度时，必然遭遇难以突破的上升瓶颈。

没有市场营销职能发展规划，营销跟着产品销售需求走；

营销组织结构不完善，营销职能处于单纯买产品的水平上；

营职能规划只顾及市场与客户、渠道与网点，忽视产品、服务与品牌配套等。

类似问题都属于营销职能系统，框架性、结构性、基础性功能缺陷。

市场营销模式的低效性、落后性，同样严重影响销量的持续增长。

手机采购，消费服务送上门时代，还停留在人员推销模式层面；

怎么可能期望销量的持续增长呢？

营销计划的周密性、严谨性，难免影响市场销量的增长。

有订单，却因为生产、资金、人员问题无法及时交货，造成客户抱怨。

影响市场销量的第二层因素，是客户需求的掌握。

客户欲望没有止境，客户的需求也会不断变化；

只顾推销自己的产品，而忽视客户内心欲望需求，销量增长同样举步维艰。

销量增长需要持续刺激客户消费欲望，无法刺激消费欲望就无法提升销量。

影响市场销量的直接因素就是产品与服务质量。

产品好、服务好，什么问题都好解决，销量提升是理所当然的事情。

产品与服务背后的因素更多，包括思想、理念、文化、人才、团队、组织、技术、工具、资金、品牌等。这些要素资源的缺失或价值竞争力不足，都会影响产品与服务竞争力，继而影响销量的持续增长。

经营管理者、市场营销职能专业管理者的体系化、系统化思维能力非常重要！

4. 高管经营会讨论重点

（1）销量增长是市场营销的核心价值指标吗？

（2）企业的业务量是否持续增长？

（3）是产品与服务影响销量的持续增长吗？

（4）是营销职能能力不足影响销量的持续提升吗？

（5）是营销模式和层面低导致销量无法增长吗？

问题3：如何提升客户满意度

1. 针对问题

客户抱怨不断、投诉频繁、流失率高；

市场服务效率低、客户服务问题多；

岗位、团队、组织整体服务意识不强。

对市场营销职能而言，产品重要、服务同样重要。

服务能力优势是交货周期更短，客户觉得更方便或合作愉快、放心等。

产品没有价格、品质、品牌优势，交货周期又长、采购流程又复杂、服务态度还不好，甚至客户不放心与企业打交道。设想一下营销会是一种什么状况？

产品性价比优势的形成比较难，服务能力优势的形成相对容易。

市场营销专业职能管理者，必须高度重视服务价值与能力的提升。

站在客户的立场上，整合服务流程是提升客户满意度最有效的途径。

交货周期能否更短，采购手续能否更简单，态度能否更和蔼？

必须让客户更舒服一点、更放心一些！

2. 客户服务价值要素示意图

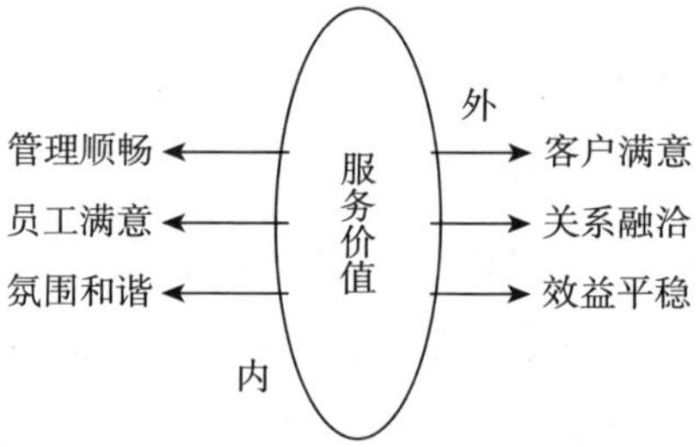

服务管理要素：关注员工工作满意度；了解客户需求、客户体验感、处理客户投诉与建议、建立客户档案、客户满意度调研反馈等。

图 9－3　服务（客户量）

销量的增长离不开服务的支撑；

客户满意度是营销职能专业价值提升的基础。

缺乏服务功能支撑，客户量与销量的提升无法持续。

服务能力是独立的市场价值支持系统，其功能基础涉及组织文化。

为什么要服务好客户？

如何才能服务好客户？

首先组织文化理念不清晰，服务价值与能力的培育提升就没有基础。

其次是整套制度流程，包括员工关怀及客户服务两个方面。

只要求服务好客户而忽视员工关怀，服务能力与价值难以达到期望状态。

3. 市场营销必须聚焦客户满意

销量持续增长体现市场营销职能能力；

客户满意是销量持续增长的基础或前提，是市场营销职能的核心价值。

客户不满意，一切市场营销行为都没有价值或意义。

产品是市场营销的硬实力，服务是市场营销的软实力。

市场营销职能管理如果不注重客户服务价值的提升，则会跛脚而行。

强调客户服务的经营管理者多，但懂得服务价值塑造的经营管理者少。

市场服务价值不是喊几句口号就能形成。

服务作为一种资源价值，同样存在系统功能支撑问题。

市场销量目标或工作指标，很容易设定与考核，因此销量管理比较简单。

客户服务目标或工作指标，很难设定与考核，因此服务管理比较复杂。

设定客户服务工作目标或考核指标，对服务价值与能力的提升帮助不大。

企业真正要提升服务水平与质量，必须在员工工作心态、团队工作精神、组织工作风气上下功夫！

这就涉及企业文化竞争力的构建与塑造问题了。

企业让员工满意，员工才能让客户满意，这是服务价值与能力的根本。

企业如何让员工满意？

员工满意度是企业组织文化管理状态的直接反映。

当员工的工作心态消极，团队精神涣散，组织氛围压抑时，企业肯定缺乏文化竞争力。在这种文化管理状态基础上，市场服务价值与能力肯定糟糕。无论经营管理者怎么强调，无论口号多么响亮都无济于事。

只有在员工工作心态积极，团队精神凝聚，组织氛围积极的文化管理状态下，企业的市场服务价值和能力才可能塑造出来，并逐步形成优势。

从企业组织员工满意度，可以直接判断出客户服务价值状态！

如何构建好企业组织文化管理体系，持续提升员工对企业的满意度、忠诚度，才是市场服务资源价值塑造的关键。

文化竞争力的塑造本身就不是容易的事情，所以市场营销客户服务能力的形成与提升不是一项简单的工作。

除了企业文化与组织内部员工满意度，影响市场服务价值的其他因素，还包括市场和客户服务专业管理工作。包括客户需求的了解程度、客户体验感的关注、客户建议的征求、客户投诉的处理、客户档案的管理等。

市场专业服务工作大家都会关注，但如果企业文化价值管理基础薄弱，市场客户服务工作无论如何都做不到位，达不到预期目的。

这是很多企业经营管理者感到困惑的问题！

4. 高管经营会讨论重点

（1）企业的客户满意度在持续提升吗？

（2）企业的员工满意度在持续提升吗？

（3）为什么说客户满意度是营销的职能基础？

（4）为什么员工满意度影响客户满意度？

（5）企业是否考虑过文化风气对市场营销的影响？

问题4：如何塑造品牌价值

1. 针对问题

营销模式落后、营销能力难以提升；
产品、服务消费层面低，难以提升；
无法摆脱成本与价格竞争模式。

产品带来客户、服务留住客户、品牌吸引客户；
品牌价值塑造推广的重要性不亚于产品与服务。
品牌塑造推广能力的提升是市场营销职能不可推卸的责任。
销量持续增长的坚实基础，在于服务与品牌价值的塑造推广。
服务与品牌价值塑造能力，真正体现出市场营销职能的专业水平。
知道品牌价值重要性的人多，但清楚如何塑造品牌的经营管理者少。
强化品牌塑造意识与能力，是企业必须夯实的基础；
市场营销层面从低端向中高端，品牌的能力提升是关键。
缺乏品牌塑造推广意识与能力，市场营销职能专业价值发展空间有限。

2. 市场品牌价值要素

摆脱产能过剩、低价竞争困境，走出低端市场、向中高端市场进军；
塑造市场品牌价值是必须夯实的营销能力基础。
缺乏品牌价值的支撑，销量、服务价值的提升空间非常有限。
品牌是企业软实力的真实体现，与企业文化理念关系密切；

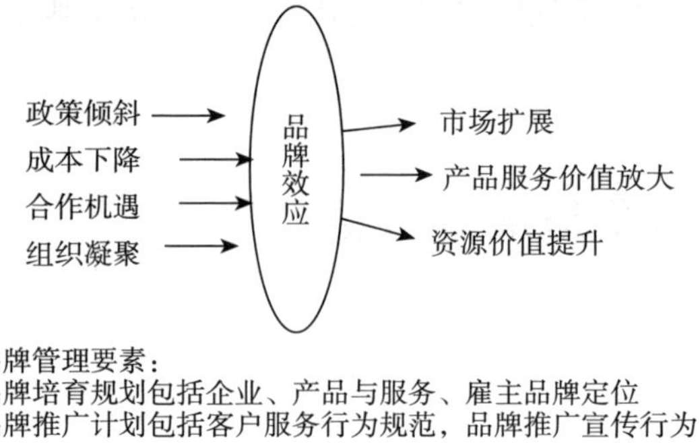

图9－4　品牌（利润）

除了产品与服务价值，品牌具有信念、信任、使命与责任文化内涵。

品牌价值塑造系统工程并非营销职能能够独立承担；

市场品牌价值推广能力是营销职能的核心价值之一。

区域、领域、市场、品牌影响力能否持续提升是衡量营销能力的重要标准。

3. 市场营销必须注重品牌推广

品牌价值没有人不懂，品牌价值塑造、推广却没有人做。

这是多数企业品牌价值塑造与管理的普遍现状。

没有品牌价值的支撑，市场营销永远步入不了高端层面。

品牌价值的塑造与管理，没有想象得那么难！

品牌价值有三个载体，企业品牌形象、产品与服务品牌形象、雇主品牌形象。

企业品牌形象，通过塑造与宣传企业的使命与社会责任感来实现价值；

区域、行业、市场、社会知名度能否持续提升，是品牌形象塑造的关键。

企业做了十年、二十年，居民不知其名，政府不关注其发展状况；行业不知其存在，市场不知其任何影响。这样的企业不管其生存发展状态如何，最起码经营管理者明显缺乏品牌价值塑造意识。不管有没有钱，不管愿不愿意花钱，让越来越多的人知道，让越来越多的人认同甚至是赞美，是企业品牌价值塑造的基本路径。多参加一点社会活动、多承担一点社会责任、多做一点树立形象的好人好事等，这其实与花不花钱没有太大的关系。

产品与服务品牌形象，通过提升客户满意度、形成客户口碑来实现价值。

去年卖纸巾、今年卖纸巾，一年到头卖纸巾；您的纸巾是品质好还是环保，是价格低还是功能全，是品种多还是技术新。去年代理销售、今年代理销售，一年到头发货催款；有没有考虑如何让客户或消费者更方便、更贴心的服务改进。产品与服务品牌形象的塑造，与花不花钱没有直接的关系。重要的是，市场营销职能专业管理者有没有品牌价值推广意识，有没有品牌价值推广能力。

雇主品牌形象，通过提升自己的员工满意度来形成和实现价值；

企业连人都招不进来，还谈什么雇主品牌？

人员不断流失，出去的人都不说企业好，企业的雇主品牌有什么价值？

外面的人都想进来，里面的人却都不想出去，这才真正体现出企业的雇主品牌价值。许多企业就是因为舍不得花钱，或想方设法省一点钱，结果失去了品牌价值这份大钱。好名声在外的企业，其获得的品牌价值无法用金钱来评估。

能够产生直接利润价值的品牌载体就是产品与服务。

品牌资源价值塑造与管理的主体，通常归属于市场营销职能部门。

品牌价值塑造工作内容包括两个方面：

一是品牌定位与塑造规划；

二是品牌宣传、推广和价值塑造计划。

品牌规划工作结合企业发展规划工作，同步设计编制；

品牌宣传、推广计划必须列入年度经营计划中，明确责任部门、责任人、工作目标、评估标准等，一并进行监督管理。

品牌价值的塑造与推广效果，不在于花多少钱；而在于企业组织，尤其是市场营销职能部门，有没有品牌价值塑造意识，有没有持续推动与管控品牌建设工作。

品牌价值意识强烈的企业，会高度重视品牌建设工作，从来不会做出有损品牌价值的经营管理行为。

4. 高管经营会讨论重点

（1）企业的品牌影响力在持续提升吗？

（2）企业有没有品牌建设规划？

（3）企业有没有品牌推广计划？

（4）公众品牌、市场品牌、雇主品牌如何管理？

（5）营销管理者是否重视并持续塑造品牌？

问题 5：如何经营好产品

1. 针对问题

产品与服务缺乏价值竞争优势；

技术、工具、设施专业性不强；

依赖资源成本价格竞争模式生存发展。

产品与服务价值创造力是企业组织竞争力的核心支柱；

战略定位、发展规划、经营计划目标能否实现，市场需求、客户需求能否得到满足，企业利润、员工收益能否提升等，都取决于产品与服务价值创造能力。

产品制造或服务提供职能模块，通常包括研发、制造、采购等职能部门。

产品值不值钱，服务有没有市场消费竞争力，取决于产品职能专业能力。

产品同质、技术落后、市场低端状态的改变，取决于产品职能的变革与创新。

缺乏价值创造职能能力的支撑，企业的梦想与目标就是幻想与空想！

2. 产品制造系统功能要素

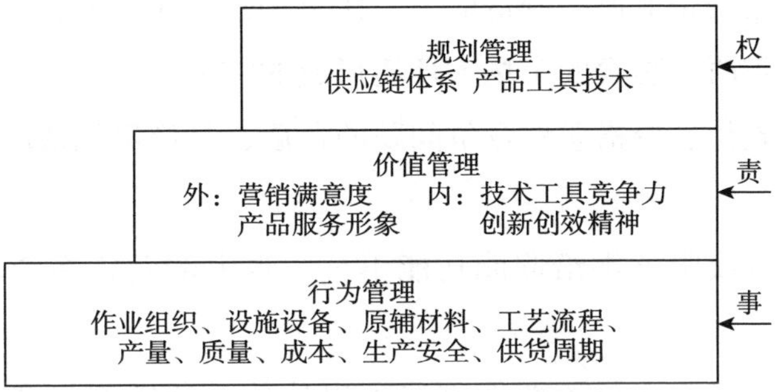

图 9-5 产品制造专业职能要素

营销职能追求价值交换与变现能力；

缺乏价值，没有值钱的东西，营销则巧妇难为无米之炊。

不期望营销有稻草当黄金卖的能力；

必须要求制造职能部门能够制造出黄金一样的产品。

产品与服务价值创造能力是企业组织竞争力的核心；

利润创造是产品制造或服务供应职能的核心职责。

没有好产品、缺乏优质服务，利润就是无根之木、无源之水。

完善的产品价值创造职能系统，必须明确界定和实施专业责权；

一是价值供应链系统的构建发展规划权责。

没有产品、技术、工具、作业组织发展规划，或产品制造职能管理者缺乏专业规划权，产品落后、技术落后、作业效率低下就是必然结果。

二是规划与计划框架内，产品、技术、工具、人员、资金等资源配置与调整权，以及相关目标实现自主过程管控权责。

自主资源配置与调整及过程管控权力，有助于产品供应链系统运营效率的提升，有助于强化职能团队的责任心与创新欲望。

在整体战略与规划框架和计划内充分授权，是构建价值创造供应系统功能的基石。如果监管太细，不仅影响系统运行效率，更大的问题是导致责任心与创新动力的被动或丧失。

3. 产品制造职能系统功能构建

通常制造型企业产品制造能力，比市场营销能力强；

这是有东西不愁卖的市场大环境形成的结果。

产品同质化、价格恶性竞争问题的背后，是价值创造职能系统的功能缺陷。

产品制造或服务供给职能功能不全，强大的营销系统功能可能被荒废。

产品制造或服务供给职能创造不出价值，营销部门拿什么销售变现呢？

企业制造不出值钱的东西，即使营销能力强也无济于事。

市场营销职能是市场竞争力的支撑系统；

产品制造与服务供给职能是组织竞争力的支撑系统。

市场竞争力不足，与产品制造或服务提供层面不高有直接关系；

产品与服务市场层面不高，与价值创造职能系统功能不强有直接关系。

产品制造职能是完整的系统。

第一，职能系统功能构建发展的规划问题。

产品与服务没有长远发展规划，产品制造与服务提供只能限于现状，无法适应市场与客户需求变化。缺乏产品与服务改善提升目标，不可能采取产品与服务创新完善行为。许多企业三五年稳定生产同一产品，无论市场如何变化，我自岿然不动。

第二，明确产品制造或服务提供职能的价值定位，责任指标；缺乏明确价值定位与责任目标，价值创造职能就会陷入日复一日的事务性行为状态。

产品制造职能系统必须明确价值创造职能的权力、责任与利益。必须赋予这个职能板块，充分参与产品制造发展规划权，包括产品、技术、设施设备、作业组织等资源配置定位与价值培育。

第三，必须清晰界定产品制造职能板块的价值与能力评估标准。

产品与服务价值消费竞争力、市场营销部门的满意度，就是价值创造职能部门的核心价值。能力评估标准主要包括产品与技术市场价值贡献率、设施设备运行效率，以及板块团队的创新创效精神。

第四，设定相关工作内容考核指标，包括产能利用率、产量、质量、成本、工艺、制造周期、作业效率等。

以上层面的因素全部到位，才能构建起系统功能健全的产品制造或服务供应职能，企业才能形成和具备产品价值创造力。

4. 高管经营会讨论重点

（1）企业的产品是否具备竞争力优势?

（2）企业是否依赖成本价格竞争模式生存?

（3）企业的产品价值创造职能系统功能健全吗?

（4）企业是否制定了产品改善、优化、发展规划?

（5）企业是否有产品研发、推广计划?

问题6：如何优化完善产品

1. 针对问题

产品同质化、陷入低价竞争困境；
产品模仿式更新、创新能力不足；
产品服务供应链功能不健全。

价值创造能力与利润的载体就是产品与服务；

产品与服务缺乏市场竞争力，说明制造职能专业价值功能系统不健全。

产品研发能力不强，采用模仿复制模式更新产品；

导致企业处于产业与市场低端，陷入低成本、低价格竞争困境。

提升产业与市场层面，走出产能过剩竞争困局，必须提升产品价值创造能力。

缺失产品与服务创造力的企业，难以在开放市场竞争中取得优势！

没有产品研发、制造能力的企业，生存发展很大程度上受制于人！

2. 产品价值影响因素

价值创造职能的核心能力，体现在产品与服务的持续完善。

制造不出优势的产品，提供不了优势的服务，制造职能没有价值能力可言。

关注营销职能市场要求，整合专业资源、持续改善产品、提升服务，满足市场营销需求、提升营销满意度，是产品制造专业职能的核心价值与职责所在。

产品、技术、工具资源价值无法持续提升，或营销工作满意度低；

则企业价值创造职能功能体系不完善、不健全。

3. 价值创造与制造职能聚焦产品

市场或客户价值竞争力，最终体现在产品和服务上。

一切资源必须转化为产品或服务才能产生价值，才能支撑盈利。

产品制造、服务提供或价值创造职能，必须聚焦产品资源价值培育。

产品资源价值培育并不简单，其功能发挥需要体系机制的支撑。

产品价值外在影响因素：

一是市场需求、客户欲望的了解掌握。

只顾制造自己的产品，不关注客户对产品的要求，甚至忽视客户对产品的抱怨，企业或产品制造职能管理者，很难制造出有价值竞争优势的产品。

产品制造职能专业管理者，要从零散的信息中了解客户的欲望需求，并设计出满足潜在需求的产品，具备这种心态与精神的产品制造者，才可能创造出有市场竞争力优势的产品。

二是产品市场竞争力状态评估。

任何产品都有历史渊源，企业不可能无缘无故生产某种产品。

产品的过去无法改变，产品的现状必须改善，产品的将来必须塑造。

企业或产品制造者只顾生产和销售产品，忽视产品的生命活力状态。

不清楚产品的市场竞争力状态，今天的好产品明天就有可能被淘汰。

三是产品结构市场适应性了解。

没有一款产品能够满足全部的客户需求，产品系列、产品群的构成与调整非常重要。定制化、小量多批次生产发展趋势，就是市场客户需求适应性调整体现。

产品价值内在影响因素：

一是产品发展规划与更新计划编制。

产品有价值生命周期，制造一批、试制一批、研发一批的产品发展规划与上市计划必不可少。企业没有产品价值经营基础，不可能形成和维持产品的市场价值竞争力优势。

二是产能均衡性调整。

营销订单量与产能的均衡性，是制造职能专业管理者必须关注的问题。产能大于营销能力造成资产闲置，影响企业整体效益；产能小于营销能力，同样影响企业收益；导致产品制造系统手忙脚乱、难以满足市场需求，甚至忙中出错、问题不断。

三是产品供货周期、质量、成本改善等。

产品制造与供货周期的持续压缩，质量标准的持续提升，制造成本的持续降低，是制造职能专业价值的直接体现。

无论外部因素还是内部因素未整合到位，产品资源价值竞争力的培育与沉淀一定会存在问题。

4. 高管经营会讨论重点

（1）企业是否遭遇产能过剩恶性竞争困局？

（2）产品竞争力不足的根源何在？

（3）产品价值创造力体系功能是否健全？

（4）产品研发、试制、生产是否形成良性循环？

（5）产品价值创造是否以市场营销为根本导向？

问题7：如何提升更新技术

1. 针对问题

产品、工艺、工具更新速度慢；
技术引进、应用意识与能力弱；
技术价值挖掘、积累发挥系统功能不健全。

价值创造的核心是产品，产品价值制造的核心是技术。

缺乏技术价值支撑难以形成产品竞争优势，推动核心竞争力发展。

技术更新推动的不仅仅是产品更新，甚至是行业与产业升级换代。

电气、化工、生物、原子、互联网信息技术等，不仅推动了工业产品的持续更新，甚至改变了人们的工作、消费、社交方式。

人工智能、大数据、物联网、基因工程、量子、新能源等技术，将更快地推动产品与商品的更新换代速度；推动行业与产业的更迭和消费与生活方式的改变。

打破市场饱和瓶颈、突破产能过剩困局的主要途径就在于技术创新！

2. 技术价值影响因素

信息、互联、智能时代，产品与服务竞争离不开技术支撑。

技术更新导致的不仅是企业的淘汰，甚至行业整合、消费方式与模式转变。

产品职能系统功能没有技术更新支撑，必然陷入同质、低端、价格竞争困境。

有技术创新能力的企业，肯定不会陷入同质、低价恶性竞争状态。

产品上档次、服务创新、市场拓展等能力提升，必须在技术创新基础上。

3. 价值创造职能关注技术与工具

能源从木材到煤炭、石油，从石油到原子能再到清洁能源，技术是核心推动力。

从自然经济到工业经济到信息经济再到智能互联经济，技术是发展的核心。

中国从古代人文繁荣的领先到近代科技落后的衰退于被动，再到今天的追赶与崛起，技术都是无法回避的核心因素。

市场创新发展，全球一体化竞争，从低端向中高端市场拓展，离不开技术。

技术价值缺乏竞争力，不仅无法适应竞争，甚至可以说没有未来。

价值创造的结果是产品，产品价值很大程度上取决于技术。

企业技术价值就蕴含在产品功能与工具（设施、设备、工艺、材料）中。

技术创新或技术价值培育，主要体现在产品与工具改进两方面。

产品改进、创新，工具革新与更新，必须具备技术学习、引进、应用意识。

认为技术高不可攀，沉溺模仿和抄袭模式，价值竞争力难以改观。

企业技术价值挖掘、积累、发挥，必须关注以下工作：

一是独立的产品研发、开发、制造能力。

目前产品独立研发、自行开发系统功能健全的企业不多；

多数企业还处于关注了解、模仿、抄袭的产品更新层面。

二是持续提升设施设备改善、改进能力。

设施设备是产品制造能力、成本效率提升的基础；

企业必须关注工具价值的创新、创造，这是技术价值积累发展的重要领域。

三是提升制造工艺改进、优化能力。

产品同质、价格竞争模式的根源，很大程度上源于相同的产品制造工艺；

制造工艺的改善、优化、创新是产品创新的基础。

四是关注原辅材料的研发、改进能力。

材料更新、创新，不仅提升产品性价比优势，还能大幅度拓展利润空间。

产品、设施设备、制造工艺、原辅材料等方面的技术价值状态，决定企业的产品与服务价值，体现企业的价值创造力与市场竞争力状态。

企业的持续发展必须具有技术价值与能力优势，这是不可争辩的事实。

企业经营管理者，务必高度重视产品、设备、材料、工艺等方面的技术研发与改进。这是企业面向未来发展，必须跨越的技术门槛或构建的技术堡垒。

4. 高管经营会讨论重点

（1）企业是否具备技术价值与能力竞争优势？

（2）企业在产品研发方面是否有规划与计划？

（3）企业是否关注设施设备、工具改善更新？

（4）企业是否关注原辅材料的更新优化？

（5）企业是否有技术价值与能力提升的持续投入？

第十章　如何夯实组织竞争力基础

市场竞争力只是企业价值的表象；

市场竞争力的核心是企业组织竞争力；

市场、客户拓展能力要依靠专业职能；

渠道、订单获取状态取决于专业团队；

产品、技术、服务价值状况同样取决于职能健全性与团队专业能力。

企业组织整体价值创造能力不强，不可能形成市场竞争力！

如何塑造优秀的企业组织才是经营管理的核心。

人才是团队的基础，团队是组织的基础；

如何塑造优秀的企业人？

如何提升企业资源运营效率？

人有思想、团队有理念、组织有文化；

企业有目标、有制度、有流程；

经营需要资源、资产、资金、人才、团队、组织、价值与能力；

如何整合好这些要素，达成企业的既定目标？

这就是企业组织运营职能必须解决的问题。

只会设计组织、部门、岗位，只知道招聘、培训、考核；只会核算利润、成本、费用，只知道薪酬、奖金、福利；看不见价值与能力、不知道意识与文化，是企业组织缺乏竞争力的根源！

企业到底该如何运营好人与资源价值？

人力资源、财务职能的管控核心在哪里？

问题1：如何经营好组织

1. 针对问题

人才、团队、组织竞争力不足；

软硬件要素资源价值整合无序；

经营流程管控机制体系不健全。

市场营销注重价值交换能力，产品制造承担有形价值创造；

运营管理职能承担有形与无形资源价值整合，人才、团队、组织为基础。

市场客户需求满足需要优质的产品与服务，优质的产品与服务离不开优秀的人才、团队、组织基础支撑，优秀的人才、团队与组织塑造需要优秀文化与经营管理机制。

价值运营管理专业职能核心责任在于将市场、产品、技术、工具、资金、服务、品牌、文化、人才、团队、组织要素整合为市场、组织与文化竞争力。

利润能否持续提升，效率与效益是否具备优势，取决于价值运营职能管理能力。

企业的价值运营职能，通常分布于办公室、人力资源部、企划部、行政部等职能管理部门。不管部门怎么设置，价值运营专业职能不能空缺！

2. 价值运营管控系统要素

营销职能追求将价值变现为利润；

制造职能追求做出值钱的产品；

财务职能追求资本增值最大化；

运营职能追求价值整合，让产品有技术、服务有文化、组织有精神！

企业四大价值职能模块完善，才能支撑组织竞争力形成优势。

市场、服务、品牌、产品、技术、工具、思想、理念、文化要素资源价值，必须整合成优秀的人才、出色的团队、卓越的组织，才能具备强大竞争优势。

经营管理要素构成错综复杂，最核心的要素莫过于人才、团队与组织。

运营职能的核心价值整合能力，就在于塑造优秀的人才、团队与组织。

3. 价值运营管控职能系统构建

市场营销职能专业能力是组织竞争力的基础；

产品制造职能专业能力是组织竞争力的支柱；

组织运营职能专业能力是组织竞争力的枢纽。

运营管控职能系统功能不全，则组织管理混乱、资源价值散乱。

运营管控职能的核心，就是组织运营体系构建与资源价值整合。

没有体系、资源散乱、问题不断、障碍重重，何谈价值创造力？

企业管理混乱或效率不高的根源，就在于运营管控系统功能不健全！

运营管控职能的首要责任是经营管理体系的构建。

组织价值运营体系构建包括：

一是战略定位、发展规划、经营计划流程完善。

战略、规划、计划管理工作通常由决策者主导。

经营决策者精力、能力不足，战略、规划、计划工作做不到位。

经营定位功能不强，是企业存在的严重的问题！

市场极度饱和、产能严重过剩环境中，这一问题将越来越明显。

必须将战略、规划、计划管理职责，划归运营专业职能部门统一管理。

二是市场、产品、运营、资产财务职能系统健全。

组织机构的设置通常由经营管理高层决定。

决策者运营理念不全面、组织管理不专业，容易导致组织职能功能缺陷。

市场、产品、人才、资本管控能力不强或失衡的根源，在于运营管理能力。

有市场无服务、有产品无技术、有人才无能力、有组织无精神等现象，就是组织运营系统功能不健全的反映。

组织设计、调整、完善工作，必须划归运营职能部门进行专业化管控。

三是责权、利益、文化工作驱动机制系统健全。

授权与分权、利益分配等工作管控，通常由经营决策者主导。

经营决策者能力有限时，导致人才流失、团队涣散、组织凝聚力差诸多问题。

经营、管理、激励三个层面的价值运营工作，没有纳入专业职能进行统一管理，是经营管理问题多的主要根源。

完善经营管理体系功能构建，才能够发挥运营职能价值整合能力。

主要包括：

参与战略规划，编制组织、人才发展规划；

构建责权、利益、文化机制制度；

设计组织架构、界定部门职能、确定岗位责任；

分解编制目标计划、实施过程监管与结果评估考核等。

企业不缺以人力行政专业职能管理者，为什么人力问题成为普遍能力短板？

根源在于企业经营管理体系基础的欠缺与薄弱！

4. 高管经营会讨论重点

（1）企业战略、规划、计划是否实施了专业管理？
（2）组织设计、职能构建、岗位设置是否有明确的战略导向？
（3）责任与权力、绩效与利益是否有明确的制度规定？
（4）组织运营职能管理者是否有充分的专业自主工作空间？
（5）人力、运营管理者完全按指令工作能否发挥专业能力？

问题 2：如何整合思想价值

1. 针对问题

经营思想局限大；
缺乏明确宗旨与强烈使命；
经营管理隐性基础薄弱。

价值整合能力，取决于人才、团队、组织管理状态；
人才、团队、组织的首要管控因素是思想意识。
天地有神、万物有灵；精神意志与生命意识充满世间万物；
人也是由精神与身体两种要素组成的生命形式。
人的行为价值完全取决于人的思想与意识状况。
塑造人，激励人的行为、提升人的能力，必须从引领思想开始。
企业在经营管理过程中，容易忽视思想与精神管理。
经营管理者，能否看透利润、成本、效益与思想意识的关系很重要！

2. 经营思想价值要素

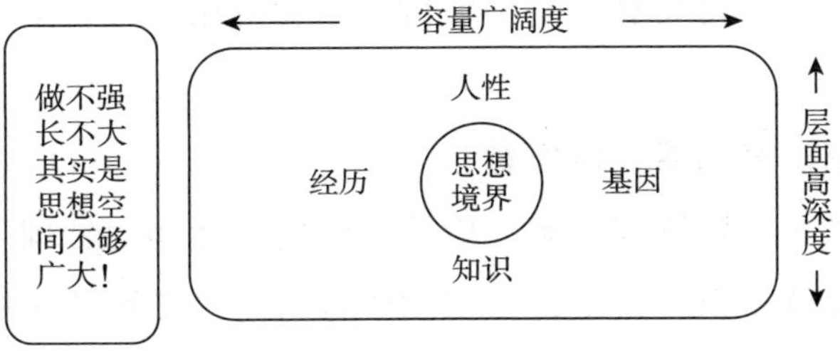

图 10－1　思想

经营管理者很少关注思想，认为思想与利润关系不大。

利润最浅层因素是产品与服务；

利润深层次因素是价值、能力与活力；

利润最深层次因素是经营思路、管理理念与组织文化。

产品与服务缺乏竞争力，因为资源价值、创造能力、组织活力不足；

价值、能力与活力不足，源于思想、理念、文化缺乏价值优势。

看不穿这些层面的价值逻辑关系，说明经营思想或眼界存在局限；

经营眼界、经营思想，决定企业的优秀或平庸!

3. 价值运营必须关注经营思想

企业生存发展状态，本质上就是经营意识与思想状态的体现。

长不大、做不强首先是思想格局与意识局限无法突破!

经营者不认为人才、团队是企业发展的关键；

企业始终不会花时间、精力和资本投入人才的培养与团队的建设；

组织运营状态处于有人干活就行的层面；

企业即使把握了市场机会，建立了人脉关系，发展到一定规模就停滞不前!

自私自利、唯利是图、小富即安，是企业可以扩张却无法持续发展的根源。

思想层面低，看得见利润看不见价值，看得见人员看不见能力！

经营思想意识怎么管、谁来管？

经营思想属于文化资源范畴，应该由运营职能部门管理。

什么样的经营意识，产生什么样的经营行为，导致什么样的经营管理结果。

企业所有问题追根溯源，最终还是经营思想意识缺陷。

经营思想具有个体性特征，通常体现企业决策者的意识倾向。

思想意识的管理或改变提升非常难；

思想牵涉人性、家族基因、教育与成长经历、知识与见识背景等诸多因素。

经营者认为人才、团队不是企业发展的核心，市场机会、政策支持、社会关系才是企业发展的核心，这种思想意识要改变非常难。

最困难的事莫过于把思想装进脑袋，把钱装进口袋！

思想意识再难也要管理，否则企业只能随波逐流、自生自灭。

经营思想意识如何管理？

首先是关注。

经营思想意识有没有问题，是否存在局限性？

经营思想价值能否支撑企业的持续发展？

这些核心问题通常容易被忽视！

很多企业死了还不知道为什么？就是因为无人看透问题的根源。

经营思想存在局限性，影响企业发展，必须采取措施推进改变或提升。

商人意识、老板意识，唯利是图、追逐短期利益，比资源成本、拼销售价格等经营意识，让许多企业陷入了困境。

这类经营思想意识无法突破或转变，企业就可能死在这里！

经营思想意识的改变与促进提升，没有捷径可走。

有针对性地组织学习、分析、讨论，或培训、交流、批评、反省；

务必让决策者感悟到思想意识局限，给企业发展造成的问题与障碍。

经营思想意识的突破提升，往往就是刹那间的感悟或领悟！

4. 高管经营会讨论重点

（1）企业是否关注过经营思想意识问题？

（2）企业是否存在经营意识局限性？

（3）经营思想是否纳入组织运营管理内容？

（4）企业开展了哪些经营思想意识提升工作？

（5）经营思想局限性有哪些表象特征？

问题3：如何整合理念价值

1. 针对问题

思想有高度，宗旨与使命明确；

团队精神涣散，组织氛围压抑；

优秀的经营思想难以深入人心。

经营思想、组织理念是两个意识功能概念；

经营思想具有个体性特征，通常体现经营决策者的思想意识；

组织理念具有群体性特征，通常体现整个企业组织的意识倾向。

经营思想价值高，并不意味着组织理念具有同等价值影响力。

经营思想价值的积累、提升或转变、突破不容易；

管理理念价值的形成、完善、提升、发展更困难。

思想转变只牵涉一个人，组织理念改变却牵涉一群人。
组织理念的形成过程是思想沟通、交流、融合的过程。
思想得到理解认同才可能形成共同的组织理念；
思想强加给组织其他成员不仅没有效果，甚至适得其反。

2. 组织理念价值要素

理念管理要素：
明确相关理念及行为准则，宣传、培训、执行、规范、奖罚等。

图 10－2　理念

具备优秀的经营思想不容易，拥有正确的组织理念更艰难。
个人的努力可以获得优秀思想；
一群人共同努力才可能形成良好的组织理念。
经营管理者的思想强加给员工，形成的是形式上的口号或标语；
经营管理思想得到普遍认同，才能形成组织共识或工作理念。
理念具有群体影响力其价值大于思想。
思想每个人都有，思想的形成都有特定的背景；
个人思想改变都不容易，组织理念的形成不简单。
组织中的纠纷与冲突，根本上源于思想意识的分歧与差异；
企业要解决意识统一问题，就必须形成明显的组织理念。

3. 运营职能管理必须优化组织理念

思想意识具有个体属性，能够塑造优秀个体；
管理理念具有群体属性，能够塑造优秀组织。
经营思想完全被企业成员认同接受，自然成为组织工作理念。
经营决策者的思想意识中强调，家庭般的温暖、军队般的严格。
家庭般的温暖大家容易接受认同，容易达成共识；

军队般的严格则难以认同和接受，难以形成共同理念。

这就是经营思想与管理理念之间可能存在的冲突。

家庭般的温暖、军队般的严格，成为组织成员共同认可的管理原则，才真正具有行为约束和引导价值。达到思想理念一致的状态需要时间。

经营决策者都想将思想意识，转化为企业组织理念。

多数企业的文化建设就是如此，按自身要求拟出理念，然后培训宣传推行。

结果是所有理念都成了标语口号，没有实质性的激励或约束功能作用。

经营思想转化为组织理念必须具备两个基础条件。

一是思想本身能够被大家认同接受。

员工以客户价值为重，企业以员工利益为重。

这种经营思想容易得到普遍性认同接受，容易形成组织共识成为工作理念。

二是思想意识真正在经营管理工作中得到执行。

企业只要求员工全力以赴服务好客户，而忽视员工的切身利益和工作感受。

如此，员工以客户价值为重、企业以员工利益为重，只能成为标语口号。

多数企业的组织理念管理都存在这种严重缺陷！

组织理念是企业文化建设与管理的核心要素。

企业是组织，组织中有一群人，人人都有自己的思想意识和行为习惯。

管理的艰难性、复杂性就体现在思想分歧、目标分歧、观念差异上。

组织理念的功能价值，就是统一思想、统一目标、规范行为。

组织理念的明确性、统一性很大程度上决定经营管理效率。

组织理念的形成有其自身规律，也需要过程周期。

第一，融汇多数成员的观念，初步形成价值观、管理原则、行为准则。

第二，宣讲、培训、执行相关组织理念。

第三，在执行的过程中持续提炼优化企业组织理念。

组织理念的形成，不可能关注每个人的思想意识，多数人认同才是坚实基础。

对于部分存在的差分歧，就只能采取勉强成习惯、习惯成自然的原则。

组织理念的价值、功能、作用远远大于制度与流程；

多数经营管理者舍得在制度流程上花时间，却不知道在组织理念上下功夫！

4. 高管经营会讨论重点

（1）经营思想与组织理念是否存在冲突？

（2）企业的经营管理理念是否成为口号、流于形式？

（3）经营者的思想、意识、主张能否被大家认同？

（4）经营管理者是否关注员工的想法与感受？

（5）组织理念有什么重要的经营管理价值？

问题 4：如何整合文化价值

1. 针对问题

经营思想有高度、组织理念比较完善；

工作心态被动、团队精神不强、组织氛围不活跃；

经营相对平稳、管理问题较多。

思想是点线、理念是层面、文化才是空间；

思想、理念是文化核心，文化价值内涵远远大于思想与理念。

马克思说，文化是一切社会关系的总和。

从这种意义上理解，企业文化就是企业组织关系的总和；

这种关系包括责任与权力、价值与利益、能力与地位等。

企业文化价值状态都写在员工脸上；

热情洋溢、精神饱满、自信乐观，体现出企业文化风气与精神健康，体现出企业生存发展的良性状态。

消沉、郁闷、焦虑，甚至愤怒，体现出企业文化精神风气的被动负面，体现出企业生存发展前景黯淡。

文化才是一家企业生存发展真正的灵魂。

2. 组织文化价值要素

思想融合成理念不容易，理念散发为文化更艰难。

文化价值与精神是企业软实力的关键要素。

经营思想、组织理念是企业文化的核心；

责权机制、利益机制是企业文化的基础。

核心与基础要素相互支撑，才能形成优秀的企业文化机制功能。

思想不优秀、理念不正确、文化缺乏价值内涵；

责权失衡、利益不公、文化缺乏建设培育基础。

员工心态、团队精神、组织氛围是否良好，取决于文化价值与功能基础。

心态被动不仅是个人思想情绪问题，更涉及经营思想、组织理念、文化氛围。

都知道企业文化的重要性，却不知道文化系统功能构建的复杂性与艰巨性。

3. 运营管控职能必须聚焦文化

文化价值的挖掘与塑造，是企业市场与组织竞争力的基础。

工作心态负面，喜欢推卸责任、找借口推脱工作，甚至指责抱怨；

团队精神涣散，相互推卸责任，充满纠纷与矛盾；

组织风气压抑，没有人想成为积极、努力、奋斗的榜样。

企业文化风气与精神不健康，无论市场、产品、技术、人才、服务、品牌等资源价值状态如何，企业都难以形成市场竞争力、组织竞争力优势。所谓有市场没服务、有产品没技术、有人员没能力、有团队没精神的状态。

文化资源价值如何塑造与管理？

个体思想意识交流碰撞融汇为组织理念；

经营管理者必须关注员工的意识倾向与想法，组织理念才能达成共识；

组织理念的持续宣导、执行、优化，才能形成良好的组织文化。

文化资源价值优劣如何判断？

文化资源价值优劣，通过工作心态、团队精神、工作氛围进行判断。

被动与主动、负面与正面、积极与消极、凝聚与涣散就是文化价值优劣标准。

什么是文化资源价值核心功能？

企业文化资源价值功能，就是让成员具备平和的工作心态，让团队形成凝聚力和战斗力，让企业整体工作氛围积极、主动、和谐。

企业文化价值要素，包括经营思想、管理理念、群体共识；

要素存在缺陷，文化价值功能发挥必然存在障碍。

文化资源价值挖掘和功能发挥的基础，是组织责权机制、利益机制。

没有组织机制基础，即使思想、理念具备价值，也无法形成优秀的企业文化。

工作权力过于集中甚至专制，或企业责任与权力管理处于失衡状态，则文化价值难以积累培育，文化无法发挥调和心态、凝聚精神、培育风气的功能作用。

组织价值创造与利益分享存在不公平，或价值评估、能力评价系统功能存在问题，则企业文化价值的形成和功能发挥，必然遭遇难以突破的障碍。

企业文化建设与管理的道理简单，要做到却不容易！

文化竞争力状态是未来企业优劣的分水岭。

如何简单高效建设企业文化价值功能？

持续提升员工满意度是文化建设最有效的方式；

员工满意度也是检验组织文化价值的基本标准。

员工满意度高，企业组织文化管理一定完善；

员工满意度持续提升，企业组织文化系统功能一定健全。

4. 高管经营会讨论重点

（1）企业文化建设是否流于口号、活动、培训形式层面？

（2）工作心态、团队精神、组织风气是否积极、健康？

（3）责权纠纷、利益冲突是否普遍？

（4）是否关注思想交流、理念提炼工作？

（5）是否持续追求员工满意度提升？

问题 5：如何塑造好企业人

1. 针对问题

工作责任心不强、组织缺乏工作斗志；

工作行为散漫、管理难度比较大；

抱怨多、借口多、沟通协调障碍多。

企业人是所有经营管理价值的创造者。

思想、理念、文化价值塑造的根本目的，在于培养优秀的企业人。

产品与服务有没有价值，取决于企业人的创造能力；

企业人有没有价值，取决于文化机制系统驱动激励功能。

为钱工作、为谋生而工作的人不是合格的企业人；

为实现企业目标，同时谋求自身发展而努力才是合格的企业人。

自然人有自然属性、社会属性，企业人必须要有企业属性；

企业人的企业属性特征，是工作责任大于家庭责任与社会责任。

没有成熟的企业文化系统功能，便没有优秀的企业人；

2. 企业文化核心功能价值

思想融合成理念，理念散发为文化，其目的在于塑造好企业人。

合格企业人在组织中的占比，体现出文化价值与机制功能状态。

企业一切要素资源价值竞争优势都源自企业人。

心态负面的人不可能组成凝聚的团队；

精神涣散的团队不可能成为优秀的组织；

氛围被动压抑的组织不可具备竞争力与创造力。

企业人是市场价值、组织能力、文化活力的基石。

塑造优秀的企业人才是运营专业职能的核心职责；

管控思想、塑造理念、建设文化的目的都在于塑造优秀的企业人。

员工心态、团队精神、组织风气优劣体现出运营专业职能能力状态。

3. 运营管控职能核心是企业人

什么是企业人？

首先，人具有自然属性，比如贪生怕死、好逸恶劳、重利轻义等。

没有受过社会教育的人就会体现出自然属性。

其次，人具有社会属性，比如追逐财富、名誉、地位、归属感、荣誉感等。

一个被社会文明熏陶过的人，基本上都具有这种属性特征。

最后，人具有家庭属性，比如孝敬长辈、关爱孩子、照顾亲友、责任感等。

一个有良好家庭教育的人，会明显体现出这种属性特征。

企业人就是除了具备以上属性外，还具有明显的企业属性特征的人。

企业人的属性特征包括事业与工作为重、工作责任大于家庭责任、为达成工作目标主动承担岗位责任，甚至牺牲自己的生活与家庭责任等。

如何将一个自然人、社会人塑造成企业人呢？

塑造企业人的关键是思想意识。

自然人具有生存意识，社会人具有生活意识，企业人必须具备工作意识。

自然人最强烈的意愿就是活下去，并繁衍后代；

社会人最强烈的意愿就是生活得美好、幸福；

企业人最强烈的意愿就是不断获得工作成就感。

塑造企业人的关键就是通过企业文化，转变人的意识、价值观、行为习惯。

通过学习、培训、交流、宣传、宣导、引导、约束、管理等一系列活动，让企业组织成员养成追求工作成就感的意识习惯！

自觉追求工作成就感的动力何在？

追求成就感的动力，包含收入的增长、能力提升与职位晋升、心情愉悦。

无论是自然人、社会人还是企业人，生命的本质欲望都是相同的。

首先，是实现财富自由，这几乎是每个人的梦想和期望；

企业必须让优秀的员工持续增加收入，这是塑造企业人的基本条件。

看不到收入增长和财富增加，谁会去拼命奋斗呢？

其次，是自身能力的提升与职业发展空间充满期待；

让努力的人得到机会，让有成绩的人持续晋升，这是塑造企业人的必备条件。

最后，是工作气氛的轻松愉悦，没有人愿意承受苦闷、焦虑与烦恼。

营造积极、主动、团结、奋斗、和谐工作气氛，这是塑造企业人的重要条件。

塑造优秀的企业人不容易；

能够解决收入增长、职业发展、心情愉悦问题，塑造企业人则自然而然。

企业不能通过发展，带给员工财富增长、职业发展、工作愉悦，企业文化建设则没有基础，无论如何努力、无论采取什么方法都难见成效！

4. 高管经营会讨论重点

（1）企业是否关注企业人塑造培育工作？

（2）经营管理者是否意识到企业人才是竞争力基石？

（3）企业文化是否注重思想交流、理念宣导？

（4）企业能否解决员工的财富增长、职业发展、身心愉悦问题？

（5）合格企业人在组织中的占比高吗？

问题 6：如何整合人力资源

1. 针对问题

招人难、留人难、管人难；

人力资源管理形式上规范；

组织效率、效益难以提升。

企业人塑造是人力资源管理的根本。

人力资源管理职能包含人力资源规划、招聘与配置、培训与开发、绩效、薪酬福利、劳动关系。这些理论、模式、方法都正确，但存在层面局限性。

专业人力资源职能管理者企业都不缺；

能够塑造出人力资源价值竞争力的企业非常少。

为什么？

职能模块理论实践，离不开经营管理整体体系机制基础。

企业人力资源管理，需要把握更全面、更深刻的价值能力要素。

2. 人力资源价值要素

——人力资源管理的核心在于人尽其心，所谓“士为知己者死，女为悦己者容”。

图 10－3　人力资源

运营职能价值整合，涉及的要素资源范围广泛——

战略、规划、计划体系的构建、实施、监控与评估；

思想、理念、文化价值的提炼、宣导、实施及优化；

薪酬、绩效、激励与鞭策制度的设计与执行；

招聘、培训、配置、优化及诸多内务外联工作管理等。

繁杂的企业运营职能管控，必须立足于人力资源核心价值。

塑造优秀的企业人，是人力资源价值整合发挥的基础；

凝聚团队、形成积极奋斗的组织，都离不开优秀的企业人。

产品与服务市场竞争力、价值与能力组织竞争力的塑造基础也是企业人。

岗位人才、职能团队、企业组织都需要优秀的企业人支撑！

3. 运营管控职能立足于人力资源

资金、资本、利润是企业的核心，也是经营管理的最终目标。

人力资源则是企业的根本，也是持续获取利润、创造价值的基础。

思想、理念、文化是人力资源核心，也是提升人力资源价值的关键。

利润、成本、效益；

人才、团队、组织；

思想、理念、文化；

不同层面要素价值关系理不顺，人力资源价值管理始终浮于模式与形式。

大家都在做人力资源规划、招聘与配置、培训与开发、绩效管理、薪酬福利管理、劳动关系管理。为什么人力资源管理成了多数企业的职能短板？

人力资源专业职能理论、模式、方法，缺乏思想、理念、文化系统机制功能的支撑，机制功能基础存在缺陷，专业职能功能必然乏力。

市场、产品、技术、品牌等价值，都是人力资源价值的结果显现；

企业解决不了人力资源价值的整合问题，其他价值挖掘塑造问题都免谈。

利润不高，成本、效率、效益没有优势，说明人力资源价值缺乏。

市场不好、产品不优、技术落后等，还是缺乏人力资源价值基础。

市场、组织、文化竞争力不足，归根结底还是人力资源价值不足。

企业的竞争就是企业人的竞争，其实就是企业人塑造机制的竞争！

企业从来不缺人，每个人都有自己的价值。

为什么企业的人力资源价值差异巨大呢?

思想意识、组织理念、企业文化管理系统功能，导致工作心态、团队精神、工作风气的差异，最终导致了人力资源价值的差异。

优秀的企业人并非就一定形成优秀的团队与组织。

责任与权力、价值创造与利益分享系统机制驱动力差异，导致团队与组织潜力挖掘、能力提升、价值创造效率差异。

团队与组织能力价值差异，才是人力资源价值差异的根本。

所以，企业竞争就是人的竞争还没有抓住关键;

应该讲，企业的竞争就是团队与组织能力价值的竞争;

更进一步说，企业的竞争就是经营管理体系机制功能的竞争!

4. 高管经营会讨论重点

(1) 企业人力资源职能管理体系是否健全?

(2) 企业人力资源管理是否关注思想、理念?

(3) 人力资源管理是否关注心态、精神、风气?

(4) 为什么企业文化建设工作无法持续、深入?

(5) 为什么人力资源管理工作难以显效?

问题7: 如何追求人尽其心

1. 针对问题

管理处于行为与事务性琐碎层面;

定目标、建制度、设流程效果不佳;

工作心态、精神、风气状态难以改观。

人力资源管理的极致，就是人尽其心!

为钱工作的人可能混日子，钱解决不了人力资源的所有问题。

为领导工作的人可能唯命是从、表里不一；表扬和称赞解决不了根本问题。

只有为内心欲望与梦想工作的人才会竭尽全力、尽心尽责。

构建事业平台，让人在平台上找到财富增长、职业发展、身心愉悦的机会。

这才是人力资源价值达到极致的关键通途。

人尽其力企业也许能够生存；

人尽其才企业也许能够发展；

人尽其心企业才能长治久安。

2. 人力资源最佳价值状况

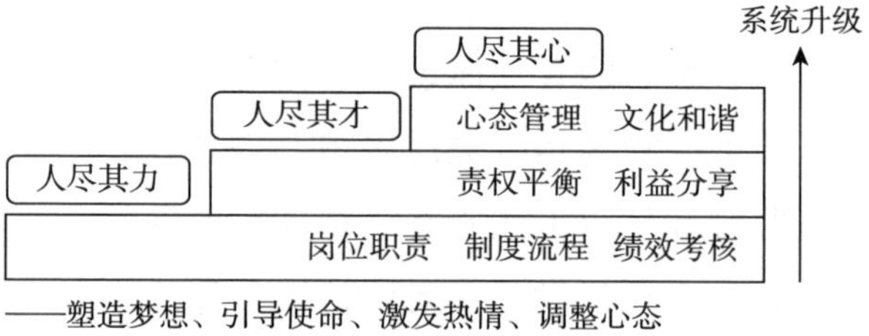

图 10－4　人力资源管理状态

人尽其力、人尽其才、人尽其心，是人力资源管理的不同状态。

企业人、团队、组织是否优秀；

思想、理念、文化是否有价值；

心态、精神、风气是否积极向上，最终取决于企业人是否用心工作！

人尽其力是人力资源管理的基本要求；

人尽其才是人力资源管理的专业要求；

人尽其心才是人力资源管理的最高境界。

达到这种价值整合境界，必须融合文化系统机制功能。

制度流程行为与事务管控模式让人尽其力；

责任权利价值与能力管控模式让人尽其才；

梦想使命心态与精神管控机制才能处于人尽其心状态!

3. 运营管控专业职能的核心目标

俗话说:"世上无难事，只怕有心人。"

一个人用心做事情，没有不成功的道理。

企业中每个人都能尽心尽责工作，企业将何其优秀。

这种理想状态，就是运营管控职能持续追求的核心目标。

不说让百分之百的人用心工作，用心工作的人比例越高，企业越优秀。

许多企业人力资源管理，连人尽其力的标准都无法达到。

假忙、推诿、扯皮、纠纷现象严重的企业，达不到人尽其力的管理标准。

管理基础比较差的企业，人尽其才、人尽其心的状态想都不敢想。

什么因素决定了企业人力资源价值发挥状态呢?

经营管理模式与体系机制功能，决定人力资源价值状态!

行为管理模式与僵化的制度流程，最多让人力资源价值达到人尽其力的状态。

企业通过考勤、办公、考核、工作流程等约束工作行为，规定什么必须做、什么不能做等。这种模式最多让员工在工作时间内不懈怠，尽力做事而已。

能力管理模式与专业职能机制，能够让人力资源价值达到人尽其才的状态。

企业通过设定目标、明确职责、考核业绩等来实施职位晋升、利益分配，公平公正实施奖罚等。这种能力结果管理模式与机制，能够让更多的人挖掘和发挥自己的潜能，并通过业绩指标体现出来。

文化管理模式与价值激励促进机制，才能够让人力资源价值达到人尽其心。

企业通过愿景规划、职业发展规划塑造员工的发展梦想；

通过持续的扩张发展为员工提升职位与能力空间；

通过利润与效益的增长给员工带来了财富增长；

通过文化管理持续关注员工的归属感、成就感、幸福感等。

这样的管理模式与机制，才能让人力资源真正趋向人尽其心的最佳状态！

传统的人力资源管理理念，突出自身职能模块的专业能力；

缺失整体经营管理体系机制支撑，人力资源职能如何努力都看不到效果。

人力资源必须提升到价值整合运营层面，才能取得显著的职能价值效果。

4. 高管经营会讨论重点

（1）企业达到了人尽其力的经营管理状态吗？

（2）企业达到了人尽其才的经营管理状态吗？

（3）企业是否持续追求人尽其心的经营管理状态？

（4）企业人力资源管理能否满足经营管理需求？

（5）人力资源职能模块优化改进为什么难以奏效？

问题8：如何均衡配置资源

1. 针对问题

订单、产能、人才、资金配置失衡；

市场、制造、服务保障运行问题不断；

资产、资金、资源均衡调控能力差。

外在环境变化，或规划与计划制定预测不准确，导致过程运行性偏差或失衡；

资产、资金、资本运行失衡，直接导致企业利润、成本、效益受损；

同时引发一系列经营管理问题与障碍。

固定资产过重或负债过度，导致现金流不足，继而引发一系列问题。

营销能力强产品服务跟不上，或产能大营销能力难以支撑等；

有形资产与无形资源配置失衡，导致价值或利润空间遭遇拓展瓶颈。

有产品无技术、有人才无能力、有团队无精神等；

价值运行失衡问题，影响的不仅仅是利润，甚至危及企业生存。

价值交换、价值创造、价值整合，离不开价值均衡调控支撑。

价值运营均衡调控职责，通常由财务专业职能模块承担。

2. 资本财务职能系统功能

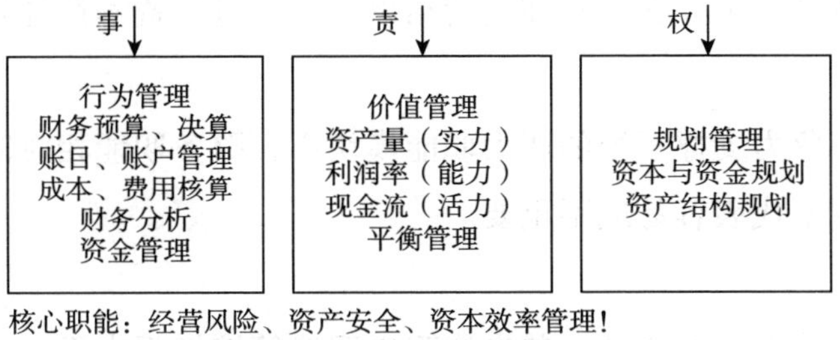

图 10－5　资本财务职能系统功能

价值交换能力、价值创造能力、价值整合能力之间需要平衡调控；

这就是资本财务职能的核心责任与功能。

营销、制造、运营、财务职能完善，才能支撑组织竞争力的形成；

任何职能功能缺陷都会影响组织竞争力，从而导致市场竞争力不足。

利润率、资产量、现金流平衡，才能达到资本最大化增值状态。

利润率体现出企业的能力状态；

资产量体现出企业的实力状态；

现金流体现出企业的活力状态。

企业价值与能力运营状态信息，最终都会通过财务数据反映出来。

财务职能一方面要监控资本运营过程、评估资本增值结果；

另一方面必须平衡调控资源配置，确保资本效率与效益的最佳状态。

财务职能仅仅立足于资金核算记录，远远体现不出价值均衡调控能力。

3. 资产财务职能系统构建

企业经营管理者普遍重视财务职能管理。

财务职能管理系统功能，达到价值均衡调控状态的企业比较少。

财务职能管理能够抓住价值、能力、活力关键实施管控的比较少。

许多财务职能管理，还处在算账的层面。

只是体现资本存在现状和运营结果，没有进行资本最佳效益均衡运行管控。

组织竞争力支撑系统的四大职能模块中，财务职能相对简单。

简单并不代表容易或不重要。

财务职能系统健全性，首先体现在职能管控权限方面。

财务管理者有没有资本、资金、资产规划与计划权，是职能功能健全的基础。

企业资产配置失衡、现金流不足或出现其他财务风险的根源就在于此。

职能体系不健全的中小企业，财务风险、资本效益最大化管控方面缺陷明显。

财务总监、经理都在岗，资本运筹、资金调拨权力都在经营决策者手上；

财务总监或经理专业水平高或低，对企业价值运营调控而言都没有意义。

多数企业的财务调控水平，还是取决于经营决策者的能力。

财务职能系统功能健全性，其次体现在财务职能价值方面。

只是记录资本与资产量，监控核算资本、资产、资金流动与变化过程，显示经营管理财务结果，则财务职能远远没有体现出职能价值。

管控调节资产量、维护资金流合理性、促进利润率的提升，才是企业财务职能的真正价值核心。

资产量是企业经营实力的基础，现金流是企业组织活力的基础，利润率是企业经营管理能力的体现。

明确财务责权，抓住财务核心职能价值，然后才是具体的财务管理问题。

包括财务预算与决算，财务管控、核算、分析，资产、资金、应收、应付管理，成本与费用管理等。

财务监管数据系统不健全，没有完全覆盖企业发展规划、经营计划、运营过程、经营管理结果等方面，职能系统功能肯定还存在缺陷。

从价值、能力、活力培育与管控的角度审视，企业财务数据细不细并不重要，更重要的是全不全。

4. 高管经营会讨论重点

（1）企业的财务职能系统健全吗？

（2）财务是否实施了资本、资产规划管理？

（3）财务是否实施了全面预算管理？

（4）财务是否关注调控资产、资金、利润均衡问题？

（5）价值运营失衡可能引发哪些严重的问题？

问题 9：如何调控管理资金

1. 针对问题

资金周转不顺，持续融资成为首要问题；
业务量、资产量、运营能力之间不平衡；
财务管理层面低、职能系统功能不健全。

将钱作为财富看待本身并没有错，但钱不仅仅只是财富。
经营者过于注重资金的财富属性，容易忽视资金的工具属性。
钱是财富的化身，又是生活或经营管理的工具。
不能灵活使用钱这个工具，则难以拥有更多的财富；
不能很好地掌控钱这个工具，则企业生存发展一定不顺。
人掌控钱则财富增长，钱掌控人则生存空间狭小。
经营管理中什么要素资源最重要？答案肯定不是钱。
把钱看得最重的经营管理者非常普遍。
真正看透资本增值本质，钱或资金其实没有想象得那么重要！

2. 资金价值功能要素

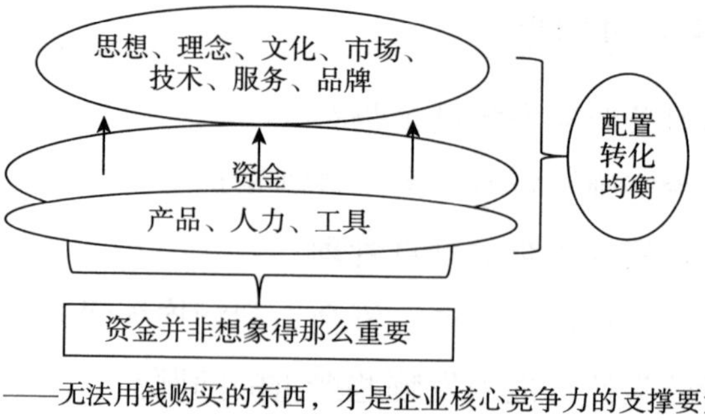

图 10－6　资金价值功能要素

对资金价值的理解差异，体现出不同经营水平。

资金如果只是资本形态或利润结果，这种认知程度不够深刻。

资金最大的价值是资源平衡配置工具功能。

资金通过购买方式，可以转化成以产品为核心的有形资产；

资金通过投资与培育模式，可以转化为以服务为核心的无形资源。

何时转化、如何转化、各类资源转化比例关系，是经营管理核心问题。

市场价值、组织能力、文化活力，无法通过资金直接购买；

价值、能力、活力又离不开资金支撑，这是资本增值经营的奥妙之处！

资金能否活化成市场价值、组织能力、文化活力？

这不仅是财务职能专业能力的核心，还是企业经营管理的价值核心。

3. 资产财务职能必须聚焦资金

财务职能价值的核心要素就是资金或钱。

资金可能是资本、可能是债务、可能是固定资产、可能是现金、可能是债权。

资金形态的多样性导致财务管理的复杂性。

可以用资金等价评估的资源，财务部门都可能管理到位。

问题在于许多经营管理要素资源，无法用资金直接评估衡量价值。

这是财务职能管理的难点，也是企业经营管理的难点！

市场、服务、品牌值多少钱？

人才、团队、组织是增值了还是贬值了？

这种问题解答不了，企业经营管理则难以抓住价值培育的关键。

市场、服务、品牌、人才、团队、组织等是资产也是钱；

财务职能管理如果不能有效监控市场、服务、品牌、人才、团队、组织等无形资源的价值状态，则说明企业经营管理还未触及核心！

财务职能的目标是利润（资金）、对象是资金、过程也是资金。

资金不仅是财务工具，还是经营管理资源配置的杠杆。

需要减少的资源，通过变卖或减少资金投入达到目的；

需要增加的资源，通过购买资产或增加投入达到目的。

企业的价值运营资源均衡配置似乎就是这么简单！

问题是思想、理念、文化，市场、技术、品牌，人才、能力、机制体系功能等，无法用资金直接评估衡量。

这些经营管理要素的过剩或短缺，不可能从财务数据报表上显示出来！

这就是财务职能功能发挥的最大局限性，也是企业经营管理问题不断的根源。

如何解决这类问题？

思想、理念、文化影响组织活力，组织活力的核心指标是员工满意度。

通过员工满意度的升降，便可判断思想、理念、文化资源价值状态。

市场、技术、品牌影响企业的市场竞争力，市场竞争力的核心指标就是利润。

通过利润增减状况，便可以判断市场、技术、品牌资源价值状态。

人才、能力、机制影响企业的组织竞争力，组织竞争力的核心指标就是成本。

通过成本增减状况，便可以判断人才、能力、机制资源价值状态。

解决了如何评估的问题，缺什么补什么就比较容易做了。

4. 高管经营会讨论重点

（1）企业是否存在资源配置失衡引发的问题？

（2）企业是否关注有形资产与无形资源的均衡配置问题？

（3）财务职能管理者能否评估人才、团队、组织价值状态？

（4）财务职能管理者能否评估市场、服务、品牌价值状态？

（5）如何调控价值运营均衡性？

第十一章 如何塑造文化竞争力

经营定位系统没有问题，战略、规划、计划流程完善；

职能管理系统功能完善，营销、制造、运营、财务职能管控健全；

那么，企业市场竞争力、组织竞争力形成则具备了基础。

市场竞争力、组织竞争力形成需要持续的行为努力。没有具体行为，任何理论、理念、梦想、目标、蓝图、计划都无法实现。因此，价值创造、创新行为驱动，是竞争力形成的关键！

工作心态被动、团队精神散漫、组织氛围压抑，这种状态下企业有能力也发挥不出来，有价值目标也无法实现。战略好、规划好、计划好，组织结构也好，但是组织文化不好，奋斗精神不足、工作心态不良，则什么竞争力都无法形成！

行为动力或组织活力十分重要，而且容易被忽视。

这类所谓重要但不紧急的问题，一旦引发问题、导致经营管理障碍，影响生存发展时，要着手解决可能就晚了。很多企业在温水煮青蛙，不知不觉就衰退消亡了。

行为驱动力强弱，取决于经营思想、管理理念和激励机制等文化管理功能。

资源价值决定市场竞争力，所以要进行经营价值目标定位；

职能能力决定组织竞争力，因此必须培育专业职能价值创造能力；

机制活力决定文化竞争力，因此必须完善行为激励与鞭策驱动机制。

改革开放前，物资匮乏、生产力落后、生活贫困；

改革开放后，物资丰富、生产力发达、生活富裕。

改革开放前后，最大的差异是体制与机制不同。

社会经济发展取决于体制与机制驱动力，企业经营管理更加如此。

企业人的意识、精神、心态、行为与企业组织机制功能导向密切相关。

1. 要专制还是要民主

集权专制是一种经营管理机制风格；

这种组织机制模式的背后，是保守思想意识和被动防范管控理念。

这种组织文化机制模式中，充满唯命是从的氛围气息。

组织机制具有专制倾向，多数人的工作意识与行为必然具有被动服从的特征。

被动服从的意识与行为模式，必然严重束缚企业组织的创造与创新能力。

不管承担什么责任，没有权力在责任范围内自主推进工作时，唯一的选择就是上面怎么说就怎么做。不是因为没有想法，而是有想法也无济于事。

专制集权模式是企业释放组织创新、创效、创造能力的巨大障碍！

民主是一种经营管理机制风格；

这种经营管理机制模式的背后，是进取思想意识和责权利分享管理理念。

这种组织文化机制中，员工充满力争上游的工作意识与行动。

民主组织机制中，工作能动性比较大，容易养成积极主动的意识与行为习惯。

具有主动积极的行为习惯，必然促进组织创造力的提升与发展。

2. 要监控还是要引导

全程监管是一种经营管理模式。

这种机制模式，不但设定目标、界定责任，而且规定行为方式、监管过程。

这种经营管理模式下，人成为设备或工具，失去自主意识和工作空间。

这种经营管理模式，导致企业组织丧失创新创造能力。

结果导向是一种经营管理模式。

这种模式通常经营管理比较简约、高效。

组织不注重行为过程监管，而聚焦目标的设定与业绩结果评估。

设定好目标、界定好责任、制定好游戏规则，然后“八仙过海，各显神通”。

这种机制充分释放能量、挖掘潜能，企业组织的创新与创造能力比较强。

3. 要利益均衡还是利益差异

利益均衡是企业利益分配管理理念、方式。

这种理念方式下，收入比较平均和稳定。

利益均衡的企业相对安稳，创新活力不足，优劣之间没有明显的收入差距。

“水平不流”，这种利益机制必然缺乏行为驱动力。

业绩导向是企业利益分配理念方式。

业绩导向利益分配方式，注重岗位工作价值创造与能力业绩体现。

收入状态会有起伏，优劣之间的收入差距比较明显。

业绩导向利益分配，能够形成较强行为驱动力，组织创造、创新效率较高。

4. 要保守还是要开放

墨守成规是一种文化意识或观念。

过分追求严格管控时，很容易陷入墨守成规的文化氛围。

规矩多、规矩严，大家都规规矩矩、相安无事，创新、创造、突破可能遭受非议。

多一事不如少一事，成为共同的工作理念或行为原则。

激励创新是一种文化理念。

渴望发展、力求突破，会激励员工大胆创新，会包容创新的摸索失误。

充满创新突破文化气息的企业，通常比较容易形成创造力。

组织精神与行为驱动力强弱，取决于责权管控模式、利益分配机制、文化理念与氛围。宽松的责权管控、差异化利益分配、积极主动的文化氛围，才能让企业形成较强的行为驱动力！

企业组织的精神与行为驱动力，就是文化竞争力核心。

问题 1：如何避免隐性发展障碍

1. 针对问题

经营流程、管理体系完善；

组织效率、目标达成率低；

员工心态、团队精神、组织氛围被动。

市场竞争力、组织竞争力、文化竞争力——三力共同支撑核心竞争力！

没有文化竞争力的企业，不可能形成组织竞争力；

没有组织竞争力的企业，不可能形成市场竞争力；

没有市场竞争力的企业，利润无法持续！

企业的生存发展状态，不在于有没有市场机遇，有没有资本实力，有没有好产品，有没有优秀人才，而在于有没有一整套组织意识与行为激励鞭策机制。

当企业的经营管理机制、组织文化机制具备驱动功能优势时，什么神奇的事情都可能出现，什么好运气都会来，什么优秀的资源都会被企业吸附。

未来企业必须高度关注持续提升意识与行为机制驱动力！

2. 三力价值竞争力功能关系

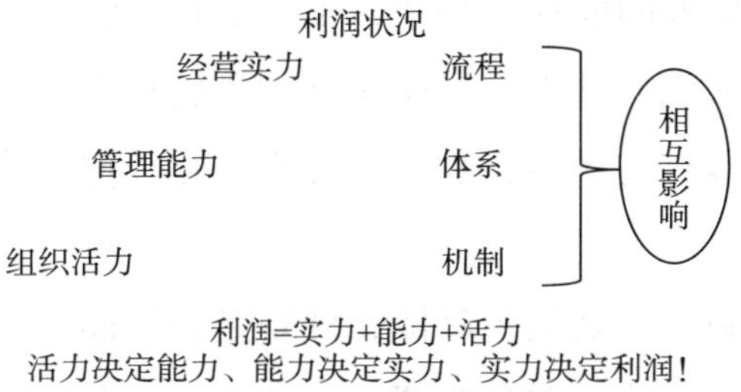

图 11－1　三力价值竞争力功能关系

市场、组织、文化竞争力是企业核心竞争力的本质内涵。

利润需要产品服务为核心的市场竞争力支撑；

市场竞争力需要人才、团队为核心的组织竞争力支撑；

组织竞争力需要心态、精神、风气为核心的文化竞争力支撑；

这是经营实力、管理能力、组织活力三力价值内在逻辑关系。

缺乏产品服务价值竞争优势则实力弱；

人才、团队创新创造能力不足，则无法形成产品服务优势；

心态、精神、风气文化活力缺乏，则人才团队价值创造能力不足；

这是实力支撑利润、能力支撑成本、活力支撑效益的企业盈利本质！

3. 企业核心竞争力价值内涵

经营管理者知道核心竞争力的重要性，也天天强调培育核心竞争力。

透彻理解企业核心竞争力的人少，真正懂得如何培育核心竞争力者更少。

企业核心竞争力有三层结构：

最浅层的为市场竞争力，就是产品与服务具有价值比较优势；

中层为组织竞争力，就是人才、团队、组织具有能力比较优势；

深层为文化竞争力，就是心态、精神、风气具有积极性比较优势。

市场、组织、文化竞争力共同构成企业发展核心竞争力！

市场竞争力形成的前提，是经营系统流程功能健全；

组织竞争力形成的基础，是职能管理系统功能完善；

文化竞争力形成的基石，是经营思想、管理理念优秀。

战略是否明确、规划是否具体、计划是否严谨？

营销、制造、运营、财务职能是否健全、专业？

工作风气不正、团队精神涣散、人员心态被动——

战略、规划、计划形同虚设，营销、制造、运营专业能力无法发挥；

整体经营管理体系运行缓慢或低效，核心竞争力不可能形成优势。

为什么很多企业天天整战略、建规划、强计划，优化组织、调整岗位，构建制度、完善流程，却始终无法改变内耗严重、效率低下的现状？

因为忽视了文化竞争力系统功能的构建与完善。

市场、组织、文化竞争力的任何缺陷，都会导致经营管理问题与障碍。

没有战略、没有规划、没有计划，什么价值优势都不可能形成；

缺乏营销、制造、运营、调控能力，完善的战略、规划、计划不过是梦想。

心态不好、团队没有战斗力、组织氛围负面，企业什么价值优势都没有！

市场竞争力、组织竞争力、文化竞争力三个系统相互支撑，才能组成完整的企业核心竞争力体系功能，才能让企业最终获得市场价值竞争优势，形成持续稳定的良性循环发展状态。

4. 高管经营会讨论重点

（1）企业核心竞争力是否具备优势？
（2）产品服务是否具备市场竞争力？
（3）人才、团队是否具备组织竞争力？
（4）心态、精神、风气是否具备文化竞争力？
（5）如何理解核心竞争力与格局、体系、机制关系？

问题 2：如何驱动价值创造行为

1. 针对问题

岗位人员缺乏工作热情，态度被动；
职能团队缺乏战斗精神，状态松散；
企业组织工作气氛压抑，风气不正。

心态、精神、风气的培育与管理复杂而艰难；
主动的心态、积极的精神、向上的风气又极为重要。
经营管理者必须厘清思路，健全心态、精神、风气文化管理机制。
梦想、使命、目标，责任、权力、利益高度统一，就是文化机制的核心。

2. 文化竞争力系统要素

企业竞争首先看产品与服务有没有优势；
企业竞争其次看能否创造出有优势的产品与服务；

功能目标：德能勤绩全面激励驱动

第三步：结合宗旨使命愿景设计文化管理制度
构建德（能）勤（绩）激励机制

第二步：结合利润成本效益设计薪酬绩效制度
建立利益共享风险共担机制（绩效导向）

第一步：依据战略规划及业务主流程设计组织
清晰界定价值与能力权责（能力依据）

图 11－2 激发活力健全文化竞争力体系

企业竞争最后看机制能否激发大家创造出有优势的产品与服务；

说到底，企业的竞争本质就是经营管理机制功能强弱的竞争。

经营管理机制的核心就是文化竞争力，包括：

责任与权力均衡机制，给能力发展空间；

利益公平分享机制，驱动能力提升；

心态、精神、风气激励机制，激励能力发挥。

缺乏文化竞争力，心态、精神、风气负面，市场与组织竞争力都是空中楼阁。

3. 企业文化竞争力系统构建

文化竞争力的体现，在于积极工作心态、奋进团队精神、和谐工作氛围。

企业文化要达到这种激励驱动状态，需要整合的要素非常多。

第一，经营思想是否端正。

经营者创办企业的目的仅仅是为自己赚钱，这么狭隘的思想空间，不可能让企业获得充分的发展；类似的企业无论如何都不可能塑造好组织文化管理机制，培育出积极奋进的工作风气。

第二，管理理念是否明确。

经营决策者有端正的思想，并不意味着企业组织的意识就能统一。关于战略、发展规划、利益分配、人才培养等，“公说公有理，婆说婆有理”，即便简单的问题处理也难以达成一致意见。管理理念含糊不清或难以统一，理念的工作引导力弱，也不可能塑造好企业文化，或形成文化竞争力。

第三，驱动机制是否健全。

组织驱动机制功能存在缺陷，企业文化建设也没有基础。

主要影响文化竞争力的机制，是责任与权力管控、利益创造与分享激励机制。

责权管理失衡，个体与组织能力发挥受到束缚，整体文化氛围必然被动。

领导不安排工作，员工就不知道做什么；

职能管理者天天忙着请示汇报和应付上级的工作指令；

模块负责人无法按自己的想法推进工作；

类似这样的企业，无论如何不可能塑造出良好的文化氛围。

利益创造与分享机制不公平，利益纠纷矛盾不断，严重影响文化竞争力培育。

员工说薪酬太低，管理者说薪酬不低；

经营者认为发放的奖金已经够多了，员工认为奖金太少了；

这个部门说自己的业务奖励力度不够；

那个部门说自己的业绩贡献最大等。

利益分配依据和标准都建立不起来，更不用期望文化驱动机制完善了。

第四，文化管理流程是否健全。

文化竞争力的培育与价值发挥，有其自身固有的路径与规律。

企业文化管理流程不健全，文化竞争力无法培育不出来。

文化竞争力系统功能，主要由组织责权机制、利益机制、文化机制构成。

能够达到工作责任与权力平衡、利益创造与分享公平、组织文化管理流程完善的状态，就一定能够形成文化竞争力优势。

具备文化竞争力企业的成员工作心态积极、团队战斗力良好、工作氛围和谐。

具备文化竞争力优势的企业，即使暂时没有值钱的东西，没有人才、没有技术、没有资金等也不用担心，因为一切价值都将很快被创造出来。

这才是企业市场竞争力、组织竞争力培育形成的坚实基础和强大驱动力。

4. 高管经营会讨论重点

（1）企业是否有思想交流媒介与渠道？

（2）企业是否注重思想交流和理念提炼？

（3）企业的责权利管理机制是否完善？

（4）企业无法突破瓶颈性障碍的根源何在？

（5）如何理解市场、组织、文化三力价值竞争体系机制？

问题3：如何有效授权与追责

1. 针对问题

企业经营管理具有专制模式倾向；
授权不充分、责任承担缺乏权力支撑；
缺乏自主工作空间，工作被动、心态消极。

充分授权、及时追责是工作心态积极的基础。

不信任、不放心是责权失衡弊端的思想根源；

经营格局狭小，对经营管理本质规律认知不足，导致思想与眼界局限。

2. 企业组织责权均衡要素

经营管理角色定位错乱，岗位责任大于工作权限；

决策、管控、执行权责交错，责权界定不清或执行不到位。

权力集中环境下，下属有能力难以发挥；

能力无处发挥则能力无法提升，久而久之，组织中庸才成堆；

角色错位态势中能力无法评价，能力无法评价则无能者无处不在。

企业理不顺经营管理责权关系，下级像永远长不大的孩子；

不是孩子不想长大，而是没有机会独自承担成长责任。

不放权、不追责的企业，难以形成积极主动的工作心态。

3. 文化竞争力立足责权均衡

领导核心意识，导致权力过分集中。

老板核心意识，导致权力难以分配。

家长核心意识，导致一言堂权力状态。

企业要提升文化竞争力，首先必须认知责权均衡的深刻意义。

具备责权均衡意识，并非就能构建好责权管理机制，影响责权均衡因素很多。

有没有信任度？

权力分配之后如何监管？

权力下放的后果或损失，责任人承担不起怎么办？

权力分散是否会产生更严重的混乱？

类似的心理问题就是决策者不敢分权或授权的关键。

要解决思想与心理问题，必须厘清责权思路，构建责权管控机制。

企业组织分权或授权，不是给予权力，而是以责任为依据配置自由工作空间；

这是培育责任意识、促进能力提升的基础。

企业组织授权或分权的范围与程度，有多重约束和限制。

一是发展规划对资源配置范围的约束；

二是经营计划对自由空间程度的限制；

三是管理制度对权力行为的监管；

四是业绩结果对权力行为的规矩等。

企业决策者对授权与分权的担心与忧虑几乎是多余的。

组织机构设置的合理性与健全性，是达到责权均衡状态的基础。

责任界定不清晰则无法授权，或授权后也无法追责。

财务权力用资源配置规划与财务预算进行管控；

人事权力用资源配置规划与人力配置计划进行管控；

行为权力用目标与指标进行管控。

不知道分责、不善于授权的企业，期望文化竞争力、组织竞争力、市场竞争力具备优势，永远都是一种对美好愿望的追求！

4. 组织责权管控要素

结构性管控：

●规划管控——何时配置何种资源及配置量

●计划管控——财务预算、人事计划、采购计划、生产计划、销售计划等

●结果管控——利润、成本、效益指标

过程性管控：

●组织：战略规划、业务流程

●部门：价值责任、能力指标

●岗位：工作量、工作效率

（以上三项：利润与成本分解指标）

充分授权 及时追责！

图 11－3　组织责权管控要素

5. 高管经营会讨论重点

（1）企业员工的工作心态是否积极主动？

（2）是否存在责任大于权力的管理现象？

（3）决策者有权无责的负面影响是什么？

（4）企业如何管控授权与分权？

（5）无法及时追责的根源在哪里？

问题 4：如何分享分配利益

1. 针对问题

薪酬、奖金、福利处于固化状态；

优秀、平庸、落后没有明显的利益差异；

利益共享、风险共担原则难以实施。

没有绝对公平的存在，绝对的公平意味着静止。

企业利益分配绝对公平，让企业失去竞争发展驱动力。

企业利益公平不是消灭落差，而是确定落差的合理性。

利益分配落差越大，行为驱动力则越强；

关键要消除利益分配过程中的人为操控因素。利益分配只要存在人为操控因素，即使操控者秉着公平、公正的原则，分配的结果同样是不公平。因为所有的利益关联者，都只会站在自身的立场上衡量利益分配结果。

企业利益分配公平，追求的是公正、公开、公平的制度规则；

做不到这一点，永远不可能摆脱利益分配的纠纷苦恼。

苦恼事小，心态、精神、风气之负面影响事大！

2. 企业利益机制系统功能要素

组织内部存在利益抱怨与纠纷，所有体系机制功能都缺乏运营基础。

战略、规划、计划，职能管理系统功能机制都只能成为摆设，流于形式。

公平分享利益是企业生存发展的基石。

利益共享、风险共担是利益激励驱动机制的基本原则。

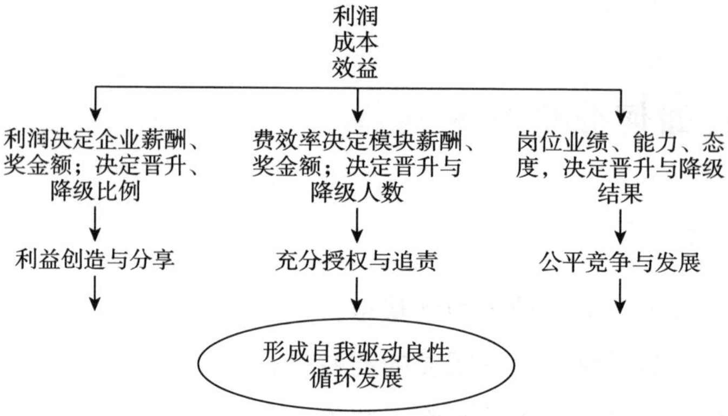

图 11－4　利益机制原则

薪酬、奖金、福利必须与利润、成本、效益挂钩，才能形成公平分享机制。

风险与利润和大家没有关系，则企业的生存与发展状态大家漠不关心。

企业努力完善经营管理，但利益冲突让制度与流程优化努力都成为竹篮打水。

3. 利益驱动机制是文化竞争力基础

文化离不开利益，文化的本质是资源分享分配关系，是利益调和方式。

无论自然人、社会人还是企业人，生存是基本要求；

财富梦想的种子，洒落在每个人的心中。

解决了温饱之后才顾得上精神追求；文化竞争力离不开利益驱动基础！

利益驱动机制功能是企业文化竞争力的核心！

企业文化建设做不出效果，关键在于没有解决利益分享公平这个基础问题。

企业利益驱动机制要素，无非薪酬、奖金、福利。

但薪酬怎么给、奖金怎么发、福利如何分配问题，似乎特别复杂！

薪酬设计思路，以雇佣成本为基础，薪酬状态与经营管理效益关系不大，这是必须突破的传统理念、模式。

奖金发放习惯性地给一点，即心理上的抚慰。效益好则多给一点，效益不好甚至亏损也必须给一点。除非企业已经活不下去才不给奖金。

这是怪事！

福利分配是大家都有，不能倾向谁。

企业利益机制重在平衡，相安无事就好，这些理念与模式无助于企业形成内部竞争发展，只能让企业日趋平庸，或失去创新、创效动力！

平衡就没有落差，没有落差则失去了驱动与激励功能。

平庸者或混日子的人当然希望利益平衡，少付出、不付出也不吃亏！

优秀者或有能力的人得不到激励，自然变得平庸或选择离开了。

久而久之，平庸者、或混日子的心态就成了组织主体与主流。

健全利益机制驱动功能，首先要知道该怎么做。

健全的企业利益驱动机制，首先必须坚持利益共享、风险共担的原则。

风险由企业承担、利益也是企业的；

多数人不过是雇佣者，必然形成做一天和尚撞一天钟的工作心态。

利益驱动机制的核心，是薪酬奖金福利随企业的利润效益状态起伏。

薪酬、奖金、福利总额必须与企业利润、成本、效益直接挂钩！

利润、成本、效益与薪酬、奖金、福利有一定的绩效关系，但无关痛痒，这是企业普遍性利益分配机制模式。这种利益分配机制的动力好比涓涓细流，无法形成汹涌澎湃的推动力。

不实施利益共享、风险共担原则，无法形成薪酬、奖金、福利的起伏波动；

团队、岗位收入没有差距，企业的利益驱动机制功能必然不足。

4. 高管经营会讨论重点

（1）企业薪酬、奖金、福利是否与效益直接挂钩？
（2）各岗位、团队之间的利益分配差距有限制吗？
（3）绩效奖励是否上不封顶？
（4）绩效处罚是否下不托底？
（5）企业福利是否采取普惠制？

问题5：如何有效活化薪酬

1. 针对问题

薪酬稳定不动、薪酬只升不降；
优秀者没有薪酬连续晋升、落后者没有薪酬持续下降；
利润、成本、效益没有与薪酬、奖金、福利总额挂钩。

薪酬是正常的雇佣成本，这个正常的标准是达到工作岗位能力要求。

学历、资历、经历就是企业确定薪酬的标准，招聘时内在能力无法评价。

薪酬必须浮动，因为能力可以升降，那么薪酬必须升降。

招聘时能力无法评价，上岗工作之后能力也不能评价吗？

能力提升了，薪酬要不要升？

无能或能力发挥不好，薪酬要不要降？

企业薪酬固定不变的现象非常普遍；

除非人力市场薪酬水平提升，企业才会被动调整，否则招不到人。

薪酬与能力、业绩、效益直接挂钩起伏机制难以实施！

2. 企业薪酬机制功能要素

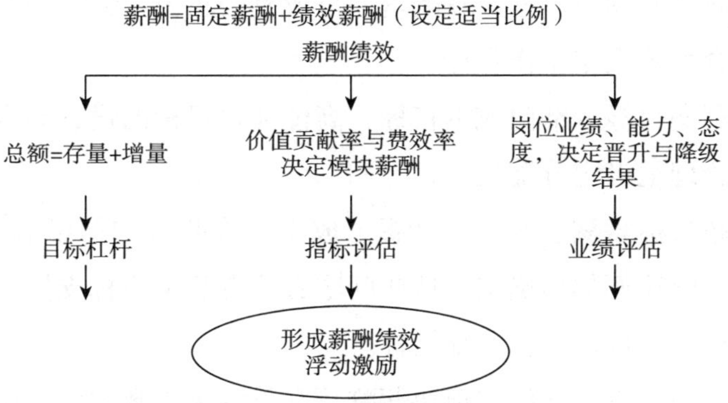

图 11－5　薪酬绩效管理机制内涵

薪酬是企业利益机制的主体。

薪酬固化就是利益驱动乏力的根源。

再甜的蜜天天吃也乏味，再高的薪酬月月拿也无动于衷。

薪酬必须与企业、部门、岗位业绩关联起伏，才能具有能力提升激励性。

企业的薪酬总额要跟着利润一同起伏；

部门的薪酬总额要跟成本费用关联；

岗位的薪酬总额要跟业绩能力挂钩。

薪酬激励机制的设定就是这么简单。

解决薪酬激励性问题关键不在于方法，而在于企业的经营管理理念。

3. 利益驱动之薪酬管理

企业利益驱动机制的第一要素为薪酬。

薪酬收入必须形成整体性、周期性落差才具有激励驱动力。

整体性落差意味着组织成员的薪酬收入有高有低；

岗位不同、能力不同，薪酬标准自然不同。

周期性落差意味着薪酬收入时高时低。

利润、成本、效益状态，能力、态度、业绩状态都在持续起伏。

薪酬收入必须有落差，薪酬落差形成有公正公平公开的制度依据。

公正合理地设定工作目标；

企业利润目标、部门成本目标、高位绩效目标的设置要合理。

公平合理地设定分配比例；

业绩超目标薪酬总额怎么计提，成本下降收益如何影响部门薪酬，岗位薪酬升降比例如何确定，这些问题必须有数据指标支撑。

公开透明的设定核算分配指标。

薪酬总额多少、部门或模块薪酬晋升与降级人数比例、岗位薪酬晋升标准，这些问题必须形成公开的制度机制，千万不能人为地临时性操作。

薪酬驱动机制管理核心要素，包括薪酬固浮比、利润目标、增量分配比、模块与岗位分配系数的设定。

薪酬固浮比是固定收入与浮动收入的比例，可依据岗位责权进行设置；

对利润目标影响越大的岗位，浮动薪酬比例越高。

利润目标是薪酬总额增减的核心杠杆，必须依据内外资源因素合理设定；

过高则薪酬难以增加，失去激励动力；过低则薪酬增长过快，影响资本积累。

增量分配比是利润超目标部分划入薪酬的比例，可依据数额大小合理设定；

比例过大影响资本积累，比例过小失去激励动力。

模块和岗位分配系数的设置比较复杂，必须依据对利润的影响程度，或成本费用占比进行设置，才能够抓住价值创造的关键。

薪酬激励机制设定的总原则，是薪酬总额的增减取决于企业利润总量的增减。把握住这个原则，薪酬激励机制的功能才能逐步健全完善。

4. 高管经营会讨论重点

（1）企业的利润增长是否带来薪酬的增加？

（2）企业的利润下降是否引发薪酬的减少？

（3）如何获得薪酬晋升的原则、标准是否清晰？

（4）绩效考核是否有薪酬降级标准？

（5）薪酬增加与减少是否没有限制？

问题6：如何有效活化奖励

1. 针对问题

奖金发放模式固化；

奖金分配人人有份；

奖金与利润、成本、效益关系不密切。

奖励，顾名思义，表现好才能获得；

奖金的发放标准是什么？是超目标之外的激励性收入。

奖金管理的核心是目标，没有目标就没有奖金的管理依据。

有没有奖金取决于目标，达成或超过目标才存在奖金发放问题；

奖金总额多少取决于目标，超额目标的比例越高，奖金总额就越多。

不想发放奖金，可以将目标设定再怎么努力也达不到的高度；

想多发奖金，可以将目标设定在容易达到的水平。

利润目标、成本目标、绩效目标都有连续性依据；

目标存量、增量，分配比设定完成，奖金核算一目了然。

2. 企业奖金机制功能

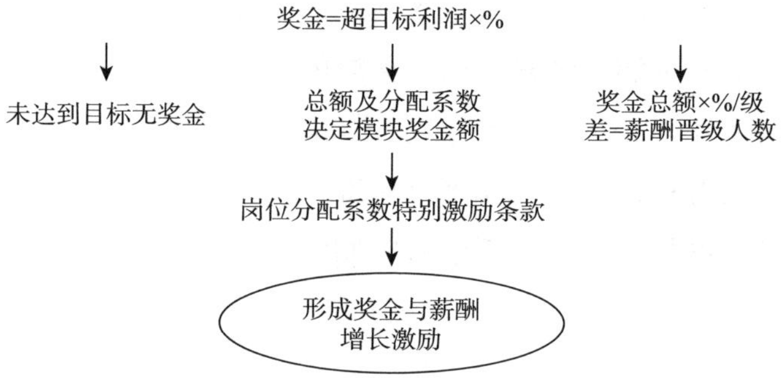

图 11 – 6　绩效奖励机制管理内涵

贫穷或富有压岁钱总要给，这是家庭观念；

盈利或亏损奖金总要发，这是管理理念；

暂且不论对错，但这种奖金发放的激励性低是不可否定的事实。

企业必须树立奖金是大家创造出来的观念；

奖金不是企业给大家的福利，而是大家努力创造出来的利益。

不努力、不奋斗或达不成设定的目标就没有奖金。

激励意识转变，企业才能活化奖金激励机制功能。

每个人给一万元奖金等于没有发奖金，道理都懂，但大家还是这样做。

奖金的发放不能像分发福利，唯恐遗漏了什么人；

有人多拿、有人少拿、有人不拿，才能真正形成激励与促进效果。

3. 利益驱动之奖金管理

福利性、见者有份的奖金管理模式，本质上没什么激励功能。

许多经营管理者，到了年终就必须考虑奖金发放这个头疼的问题。

不管企业经营管理效益如何，奖金在上一年的基础上增加一点是最理想的结果。如此，奖金才能取得一点工作激励效果。如果奖金比上一年还少，不仅没有激励效果，还有不小的负面影响。

由此，企业都会把奖金维持在一定的水平，不会轻易增加，更不敢轻易减少，除非企业经营管理状态发生了比较大的起伏。

这样的奖金发放方式其实与享受福利没有区别。

正因为奖金发放类似福利发放，因此，各部门各岗位之间奖金数量不能有太大的差距。奖金发放与价值创造、能力体现、绩效结果没有直接关系。

这样的观念与现象不改变，其实发不发奖金没有意义。

从组织激励与文化竞争力培育的立场出发，企业有没有奖金，有多少奖金，必须有依据。这个根本依据就是企业的经营管理业绩，或者说利润结果状态。

其实办法也很简单。

企业的存量利润与存量薪酬挂钩；

即去年的利润目标与去年的薪酬总额挂钩。

利润没有增量则不存在奖金发放和薪酬总额增加的问题。

企业并非始终处于发展增长过程中；

目标的设定就成了奖金发放和薪酬增加的关键杠杆。

利润增量与总额挂钩之外，模块的成本、岗位的绩效也与薪酬奖金分配挂钩。

有超目标利润，才存在奖金与薪酬增加的核算问题。

奖金与薪酬激励管控的关键，在于一次性奖励与薪酬晋升数额比例的设定。

超目标量计提出的总额，百分之多少用于奖励，百分之多少用于薪酬晋级。

薪酬晋级为长期激励，其成本远远高于一次性激励。

发不发奖金，给不给薪酬晋级，必须要有一套公正、公平、公开的制度规则；

否则，可能花了钱却没有正向激励效果。

4. 高管经营会讨论重点

(1) 企业奖金总额是否有明确的核算标准?
(2) 奖金分配是否与利润、成本、绩效挂钩?
(3) 奖金分配原则与办法是否人人皆知?
(4) 企业处于营收规模与利润衰退状态如何发放奖金?
(5) 奖金分配是否人人有份?

问题 7：如何调整活化福利

1. 针对问题

福利采取普惠制模式；
福利缺乏绩效激励功能；
缺少奖励性福利享受机制。

相对薪酬与奖金激励设计，福利的激励性更容易设置。
企业对优秀者的激励，通常都通过评先评优实施。
给优秀者一个称号，再象征性地给点金钱奖励。
将普惠制的福利设置为特惠制，给予优秀者特别的福利待遇。
如此，钱花得不多，激励效果还特别好。

2. 企业福利机制功能

福利分配机制是个社会性问题。
体制内人员的福利待遇非常丰厚；

有实力的企业遵循政策法规给予福利；
缺乏实力企业的福利待遇千姿百态。

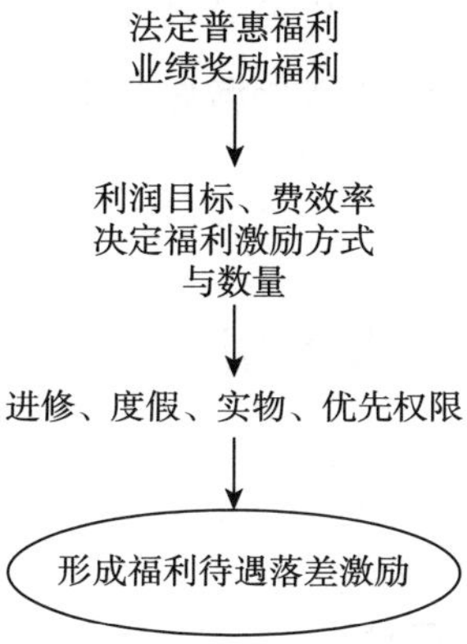

图 11－7　业绩效益福利管理机制内涵

企业福利普惠性分享方式毫无激励性可言，完全无助于竞争力培育与提升。

3. 利益驱动之福利分配

相对而言，企业的福利分配通常都比较简单。

其实，福利待遇落差激励实施简单，效果不亚于奖金。

福利激励机制的设定，可以考虑与企业效益挂钩，也可以单独设定。

模式、方式很多，花钱少、激励效果好。

外派进修、考察、培训，特批旅游、度假、休假，特别奖励物质或优先权等。

这些福利待遇，如果只是极少数优秀者能够享受，获得者的成就感和组织激励性非常巨大。

4. 高管经营会讨论重点

（1）企业福利是否实施普惠制？

（2）除了规定的福利，有没有其他福利分享？

（3）企业有没有采取特殊福利激励方式？

（4）优秀者除了给荣誉、奖金之外是否有其他奖励？

（5）如何通过差异性福利强化激励机制？

问题 8：如何实施文化牵引

1. 针对问题

员工缺乏创新、创效热情；

团队包容协同、奋斗精神不足；

组织主动进取工作氛围、风气不强。

解决了责权平衡、利益公平机制问题，便奠定了文化管理基础；

企业文化建设与管理做不出效果的根源，就在于缺少这两个核心基础。

文化激励的根本目标，在于统一工作意识与理念、塑造发展梦想、调整工作心态、打造团队精神、营造组织风气。要实现文化激励目标，必须构建企业文化管理系统机制功能。

拟几个标语，贴几张图画，做几场活动，解决不了精神与风气塑造问题。

企业文化必须从思想、理念、使命、责任、愿景、目标、心态、精神、风气、行为准则、制度流程等全方位着手；转变企业人的价值观、意识习惯、行为习惯，形成统一的思想认识、理念共识、行为习惯。这是一项复杂持续的精神塑造工程。

2. 企业文化机制功能示意图

企业普遍重视文化管理，缺乏的是文化管理的系统性方法。

标语、口号、图画、培训、学习、竞赛等是企业文化管理的皮毛；

企业文化管理浮于表层，难以触及心态、精神、风气核心。

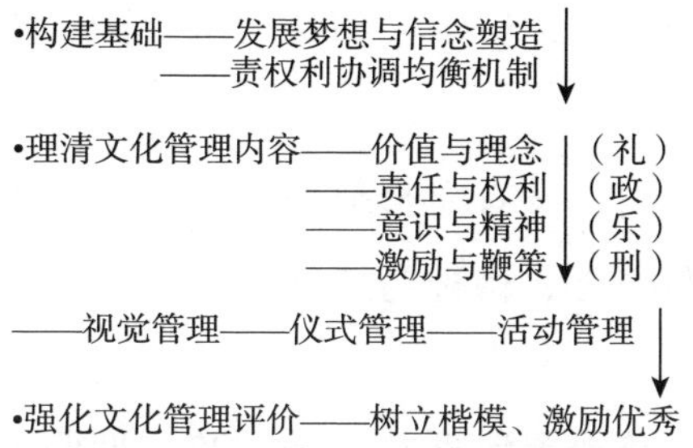

图 11－8　文化管理机制内涵要素

文化激励管理是复杂的功能系统，需要整体系思维与持续性行为支撑。

塑造组织梦想、锻造组织精神、培育组织氛围；

仅仅有理念的宣传还远远不够；

解决员工职业发展、财富增长、和谐愉悦问题，才能实现文化管理目标。

3. 企业文化构建系统机制

企业文化管理是一个系统工程，有其不可违背的规律。

塑造文化竞争力，让员工工作心态积极、团队精神凝聚、组织氛围和谐，必须系统性地实施组织文化管理。

组织文化管理涉及的要素非常多，价值沉淀与发挥周期也比较长。

企业文化管理的前提是塑造梦想与信念——

企业没有梦想、团队没有信念，企业文化的激励功能无法达到极致。

企业有清晰宏大的发展目标，让目标成为每个人的奋斗目标；

这就是企业梦想与信念的基石。

企业文化管理的基础是责权与利益机制的健全——

责权利机制功能残缺，组织工作关系不协调，文化管理行为就是竹篮打水；

没有能力发挥空间、没有财富努力目标，纠纷不断、心情郁闷；

如何形成良好的心态、精神与风气？

企业文化管理系统要素包括礼、乐、政、刑四个方面——

礼就是挖掘提炼一整套经营管理组织理念和行为准则；

思想融汇为理念，理念散发为文化。

乐就是通过文化管理培育积极、主动、奋斗的心态、精神与风气；

宣导、宣讲、实施、执行文化理念，活跃气氛、调动精神。

政就是落实文化管理责任，关注和推进组织文化建设；

决策者提升格局、管理者开阔眼界、执行者提升能力。

刑就是用理念与行为准则，约束、纠正、统一工作意识与行为；

规矩方圆、树立楷模、鞭策违规行为。

企业文化管理的内容主要包括文化形象与视觉管理、文化氛围与仪式管理、文化精神与活动管理、文化行为与评价管理。

奠定基础、把握要素，企业文化才能形成相对完善的系统机制功能。

4. 高管经营会讨论重点

（1）企业文化管理是否形成系统机制？

（2）企业文化建设工作是否责任、任务明确？

（3）文化建设工作是否纳入经营管理规划与计划？

（4）价值理念、行为准则是否简单明了？

（5）违背文化行为准则的行为是否被及时约束？

问题9：如何形成全方位激励

1. 针对问题

专制管理模式导致工作精神被动；

利益分配不公引发的工作心态负面；

梦想与希望缺乏导致的氛围沉闷压抑。

创造力驱动机制功能基础是责权均衡管理；

存在有权无责的行为，管理必然混乱，人心必然涣散；

存在有责无权的现象，效率必然低下，风气必然压抑；

责权失衡，企业无论如何都培育不出价值创造力！

利益存在冲突，工作效率必然低下，内部纠纷不断；

存在利益不公现象，团队精神必然涣散，工作内耗巨大；

利益分配差距小，优秀员工将越来越少，平庸者会越来越多！

解决责权均衡、利益分享公平问题，才可能最终解决组织激励问题。

2. 企业文化竞争力要素

仅仅依靠文化系统功能难以形成文化竞争力。

文化竞争力必须融合责权与利益机制功能价值；

约束能力发展、没有财富增长，梦想永远无法产生激情！

企业文化管理容易陷入间歇性、碎片化状态，难以形成系统性功能；

企业文化管理只有意识还不够，还必须掌握系统性模式与方法。

文化竞争力体系包括：

思想、理念、组织责权模式；

思想狭隘、理念偏颇、责权失衡状况下，做文化管理是自欺欺人；

薪酬、绩效、利益分享模式；

薪酬不公、绩效不明、利益冲突状况下，强推文化管理是劳民伤财。

形成不了文化竞争力，必然导致组织竞争力与市场竞争力不足！

3. 文化竞争力功能发挥

企业有没有资源价值优势，取决于市场竞争力系统功能。

企业有没有能力价值优势，取决于组织竞争力系统功能。

企业有没有组织活力优势，取决于文化竞争力系统功能。

文化竞争力系统功能，牵涉三大组织运行机制。

第一，责权平衡机制。

组织中的所有人都被赋予了与责任相对应的工作权力。

集权与专制责权模式是文化建设的最大障碍。

责权机制核心管控要素包括组织机构设置、经营管理模式、制度流程体系。

任何要素的管控缺陷，都将影响企业责权机制的功能。

第二，利益分享机制。

价值创造与利益分享的公正性、公平性、公开性。

价值观、利益意识、利益制度缺陷，严重阻碍文化竞争力形成。

利益分享机制核心管控要素包括薪酬管理、绩效管理、福利管理。

这些要素管控存在缺陷，文化竞争力无论如何都无法形成。

第三，文化管理机制。

工作心态的塑造、团队精神的凝聚、组织风气的培育。

心态被动、精神涣散、风气负面，说明文化竞争力功能缺失。

文化管理机制的核心管控要素包括经营思想、管理理念、文化行为准则。

这些要素管控不到位，文化竞争力功能同样难以发挥。

4. 高管经营会讨论重点

(1) 企业组织激励机制功能是否健全?

(2) 企业是否有集权或专制组织管理特征?

(3) 企业是否存在利益纠纷与冲突?

(4) 企业文化管理体系是否健全?

(5) 员工心态、团队精神、组织风气是否状态良好?

问题 10：如何保障企业持续生存发展

1. 针对问题

企业陷入同质低价竞争困境；

产品与服务创新能力不足；

发展核心竞争力缺乏优势。

塑造核心竞争力包括市场、组织、文化竞争力三力价值支柱；

是企业适应未来发展趋势的必然选择，是创新、拓展市场的根本保障。

未来，缺乏价值核心竞争力优势的企业，肯定难以持续生存！

市场竞争力是企业生存发展的大脑，大脑不清楚，问题自然严重；

组织竞争力是企业生存发展的四肢，四肢不健全，大脑只能空想；

文化竞争力是企业生存发展的心脏，心脏有问题，大脑四肢健全也无济于事。

全面关注市场竞争力、组织竞争力、文化竞争力的塑造与优势形成，企业才能够走出市场饱和、产能过剩的困境，通过创新创效创造出更好的未来！

2. 价值核心竞争力内涵

经营机制与市场竞争力；

管理能力与组织竞争力；

组织活力与文化竞争力；

三力融合协调驱动才能形成和提升企业发展核心竞争力。

企业核心竞争力不足，大体源于三力价值经营管理体系缺陷。

注重价值定位缺乏能力支撑，只有战略与规划却总是落不了地；

注重价值与能力缺乏机制活力支撑，战略清晰、规划合理、组织完善、人才充沛，可是心态被动、精神涣散、风气不良，设定的目标难以达成。

未来，价值经营、能力管理、活力驱动三方面，体系化经营管理机制基础健全，才能避免瓶颈性老大难问题；

经营格局、管理体系、组织机制存在缺陷的企业，无论如何挣扎与奋斗，都难以达到自己期望的生存发展状态！

3. 构建竞争力体系形成良性循环发展

核心竞争力是一个笼统的概念。

到底什么是企业的核心竞争力，其实很多人并不清晰。

至于如何构建企业核心竞争力体系，真正理解掌握的人更少。

核心竞争力不是一两种要素资源竞争优势；

也并非一两种专业能力优势；

而是企业整体经营管理体系机制功能优势！

核心竞争力内涵包括市场、组织、文化竞争力三个层面。

市场竞争力的核心是资源价值，产品、服务、市场、品牌等价值优势。

市场竞争力是核心竞争力状态结果的显现。

市场竞争力涉及因素包括市场价值战略定位、能力培育规划、经营指标计划，三个主要环节构成的经营流程。

经营流程功能存在缺陷无法形成核心竞争力，也体现不出市场竞争力优势。

组织竞争力才是企业核心竞争力的支柱。

缺乏组织竞争力的支撑，市场竞争力就是无根之木、无源之水。

组织竞争力的核心是能力，比如营销能力、制造能力、运营能力等。

组织缺乏创造价值的能力，不可能支撑市场竞争力的形成。

创造不出好产品、优质服务，没有值钱的东西，市场竞争力从何而来？

组织竞争力系统包括价值交换、价值创造、价值整合、价值调控四项能力。

有订单没服务保障，有产品没销售能力，有技术与工具没人才，有组织与团队却资金短缺或资产闲置等。职能系统功能不健全，无法形成组织竞争力，市场竞争力优势也只能成为无法落地的期望。

价值创造与能力发挥状态，取决于风气、精神与心态。

文化竞争力是核心竞争力的基石。

核心竞争力有多强，优势能够持续多久取决于文化竞争力。

文化竞争力的核心是组织信念与工作精神，包括心态、精神、风气、氛围等。

心态被动、精神涣散、风气负面的企业，不可能形成组织、市场竞争力。

文化竞争力机制系统包括责权平衡机制、利益分享机制、文化激励机制等。

组织运营机制不完善，不可能形成文化竞争力。

文化竞争力支撑组织竞争力；

组织竞争力支撑市场竞争力；

市场竞争力支撑文化竞争力；

这就是企业核心竞争力的本质内涵。

4. 高管经营会讨论重点

（1）企业是否具备发展核心竞争力？

（2）企业是否具备产品、服务市场竞争力？

（3）企业是否具备人才、团队组织竞争力？

（4）企业是否具备思想、理念文化竞争力？

（5）企业是否存在阻碍发展的瓶颈性问题？

后　记

经济时代不同了；

竞争模式变化了；

继续粗放经营、表象管理的企业很难立足！

创新产品、服务，创造市场价值、客户价值，摆脱产能过剩、恶性竞争的困境；提升国际中高端市场竞争力，突破低成本低端市场的恶性竞争，是企业未来生存发展的根本出路。

面对国内市场创新、国际市场突破生存发展目标，多数企业都存在经营管理基础薄弱、市场价值创造力不强的问题。经营理念与模式转型、管理方式与系统升级是企业必须迫切完成的任务。

看透问题——力图为企业解析普遍关注的问题及适应性转型升级办法。

经营转型、管理升级的目的在于全面提升企业的市场竞争力、组织竞争力、文化竞争力。这是企业未来生存发展的基础，也是未来生存发展的根本保障。

企业如何迅速构建市场、组织、文化竞争力培育机制体系，如何快速获得市场竞争力、组织竞争力、文化竞争力优势，这是一个庞大而复杂的系统工程。

解决问题——为大家提供了简约高效的模式与方法。

梳理编制企业战略与规划管理办法——解决市场价值定位问题；

梳理设定企业组织与职能管理规定——解决价值创造能力问题；

设定规范企业目标与计划管理规定——解决价值创造任务问题；

设计规范企业薪酬与绩效管理规定——解决价值创造激励问题；

设计构建企业文化与风气管理办法——解决意识统一协调问题。

企业必须构建、完善或优化整套价值与能力运营管控机制并严格执行，才能真正完成经营转型、管理升级任务，具备创新国内市场、突破国际市场的能力基础。

真诚祝愿更多的企业未来能够持续生存、稳定发展！

老板·创业			
一、经理人			
书名	**内容**	**书名**	**内容**
老总有想法，高层有干法 王清华　著	企业将、帅之间的定位问题、角色问题、方法问题、思维问题、管理问题等	**历史深处的管理智慧 1：组织建设与用人之道** 刘文瑞　著	通过历史鉴照当今企业选人用人、二代接班人、创业团队管理等问题
历史深处的管理智慧 2：战略决策与经营运作 刘文瑞　著	通过历史鉴照当今企业决策、战略规划、战略冒进、决策监督等问题	**历史深处的管理智慧 3：领导修炼与文化素养** 刘文瑞　著	通过历史鉴照当今企业的领导修养、用权、管理风格等问题
老板经理人双赢之道 陈明　著	经理人怎么选平台、怎么开局，老板怎样选/育/用/留		
二、用人			
用好骨干员工 王敏　著	系统化分享关键人才打造与激励方法	**领导这样点燃你的下属** 孟广桥　著	领导者如何才能让员工积极主动地工作
让用人回归简单 宋新宇　著	帮助管理者抓住用人的要害，让用人变得简单	**激活新生代员工** 史量　孙斌　著	走进新生代的世界，一套行之有效的管理、激活 90 后、95 后、00 后的方法
三、转型·创业			
创业要过哪些坎 董坤　著	15 年创业咨询经验总结的创业遇到的问题及办法	**高潜牛人** 董坤　著	创业和事业发展中如何找到牛人
成为下一个 SaaS 独角兽 崔牛会　主编	19 位 SaaS 领专家，7 个不同的视角总结 SaaS 行业实践	**创模式：23 个行业创新案例** 段传敏　著	CEO 社群 23 位企业家的思考与实践分享
重生——中国企业的战略转型 施炜　著	本书对中国企业战略转型的方向、路径及策略性举措提出了建议和意见	**7 个转变，让公司 3 年胜出** 李蓓　著	企业估值、业务模式、营销、生产制造、客户服务、用户黏性、组织管理 7 个转变
企业二次创业成功路线图 夏惊鸣　著	五步骤给出了一幅企业二次创业经营突破、管理提升的成功路线图	**跟老板“偷师”学创业** 吴江萍　余晓雷　著	如何通过“偷师”学习与积累当老板的阅历
公司由小到大要过哪些坎 卢强　著	企业成长路线图，现在我在哪儿、未来还要走哪些路都清楚了	**跳出同质思维，从跟随到领先** 郭剑　著	66 个精彩案例剖析，帮助老板突破行业长期思维惯性
极速增长：企业扩张策略 董坤　著	以“8shoes 扩张法则”为思考框架，帮助处于这个阶段的创业公司及以创业公司形式孵化的变革型项目做出清晰的战略选择		
企业经营			
经营打造你的盈利系统 高可为　著	选择最有效的经营策略，打造属于自己的商业模式	**中国企业的觉醒** 王涛　著	企业告别自私、野蛮，转向善良、爱，才会赢得消费者
成为敏感而体贴的公司 王涛　著	未来有竞争力的企业，一定是那些敏感而体贴的公司	**有意识的思考** 王涛　著	对头脑中固有观念保持觉察，从而超越它们的局限
简单思考 孔祥云　著	著名咨询公司（AMT）CEO 创业历程中的经验与思考	**写给企业家的公司与家庭财务规划** 周荣辉　著	以企业的发展周期为主线，介绍各阶段企业与企业主家庭的财务规划

续表

书名	内容	书名	内容
从10亿到100亿的企业顶层设计 刘建兆　著	重新定义企业成长方式，有效益、有效率、有效能、有效果、有品质的良性成长	**企业融资：投资人没告诉你的那些事** 杨军　著	资深投资人揭示融资“潜规则”，让企业有的放矢
宗：一位制造业企业家的思考 杨涛　著	发展20年营业额近亿元制造业企业家的思考与心得	**使命：驱动企业成长** 高可为　著	用大企业发展轨迹及企业家的心路历程，揭示企业成长的基因、做事的逻辑
让经营回归简单 宋新宇　著	战略、客户、产品、员工、成长、经营者的经营法则	**边干边学做老板** 黄中强　著	86个案例讲述中小公司成长过程中遇到的问题和方法
盈利原本就这么简单 高可为　著	跨越业务与财务边界，为企业提高盈利水平提供方法	**战略参谋：写出管用的战略报告** 蔡春华　著	企业对自己、市场、行业其实了解更深，助你高质量完成战略规划
不战全胜：给企业家读的孙子兵法 王吉坤　杨伟霞　著	从《孙子兵法》提炼和总结了帮助企业打造行业龙头品牌的体系	**公司离不开的全栈运营高手：产品运营与推广获客** 王虎　著	涉及运营案例、思维理论、实操复盘、管理方式、推广策略等，是作者八年运营推广经验的浓缩
公域引流　私域经营：这样经营用户关系 王庆云　汪洋　著	为大中型企业提供私域建设的顶层和全景式框架，探索不同业务特性可能适配的不同私域模式	**平台生态：价值创造与价值获取** 彭毫　罗珉　著	厂商之间的竞争已经从产品转到平台，如何创造新的价值创造和获取模式，是企业最想得到的答案
合伙制经营：有效激励，而不丧失控制权 胡八一　著	重点阐述实施合伙制的流程，通过四步为企业家提供一种有效激励而不丧失控制权的工具和方法	**机制创造人才** 彭剑锋　尚艳玲　著	华夏基石专家团著作，为个体赋能，经营人成就人，进行机制创新和价值管理
企业高管经营课：觉察认知盲点，突破增长瓶颈 范桃根　著	65个问与答，全面认知企业问题在哪里，避免盲人摸象；打破认知障碍，拥有解决问题的能力。附赠一套方法工具		
管理·管理学			
一、企业管理			
让管理回归简单 宋新宇　著	从目标、组织、决策、授权、人才、老板自己等提供方案	**管理的尺度** 刘文瑞　著	西医式的体检化验，又要施加中医式的望闻问切
管理：以规则驾驭人性 王春强　著	人性驾驭角度权度运筹安排的可兑现性，管理有效性	**看电影，学管理** 刘文瑞　著	十六部电影的解读，揭示电影内含的管理之道
好管理　靠修行 曾伟　著	从佛法、道法思想中寻找管理智慧	**公司大了，怎么管** 金国华　著	成长型企业发展中的共性问题，通过案例实录解开
低效会议怎么改 王玉荣　葛新红　著	从梳理公司会议体系的层面改变低效会议的现状	**年初订计划年尾有结果** 郭晓　著	总结七步落地方案让战略计划切实落地实现
分股合心 段磊　周剑　著	围绕股权激励，详细介绍相关知识和实行方法	**员工心理学超级漫画版** 邢雷　著	以漫画形式对组织中个体心理的全面介绍和深入探讨
让投诉客户满意离开 孟广桥　著	投诉法律法规，应对各种投诉技巧等提升客诉能力	**管理就是定计划，抓落实** 张国祥　著	员工“看了就会、拿来就用”的计划制订操作指南
不读韩非子，怎么当老板 王春强　著	通过集中分析有关人性的内容，引导现代管理者更深理解人性是如何影响企业运行，以及管理者应如何因人性而实施管理	**重新想象组织** 彭剑锋　尚艳玲　著	华夏基石专家团著作，通过组织变革逐步进化，找到成长之道，让企业可持续发展

续表

书名	内容	书名	内容
战略管理有方法 和恒咨询　著	结合中国企业实践总结的一套独创性、实操性的战略方法，100+工具轻松做战略	**高管如何为公司创造高增长** 彭剑锋　尚艳玲　主编	战略驱动着企业成长，企业又该如何突破增长的瓶颈
供应链管理改善咨询：案例·方法·工具 于晓光　许忠宁　赵玭　著	掌握供应链改善结构化方法，实现准时交付和低运营成本	**重塑竞争的市场边界战略** 张戟　著	选择与竞争对手不同的消费需求集合，通过独特的价值链活动，创造一个最有利的市场地位，让企业获得领先的核心竞争优势
二、管理思想			
管理学的奠基者 刘文瑞　著	近代以来的管理思想发展揭示管理思想的演化奥秘	**巴纳德组织理论研读** 郭威　著	深度研读巴纳德《经理人员的职能》，帮你理解和看懂
管理学在中国 刘文瑞　著	科学看待管理学流入中国，对继承发展进行深入的阐述	**德鲁克管理学** 张远凤　著	以德鲁克管理思想发展为线展示20世纪管理学的发展
德鲁克与他的论敌们 罗珉　著	德鲁克与马斯洛、戴明等诸多管理大师论战的故事	**德鲁克管理思想解读** 罗珉　著	全面解构德鲁克思想的精髓与实践价值
治论：中国古代管理思想 张再林　著	深入分析中国古代哲学基本精神的基础上，梳理分析了儒法墨三家的管理思想	**流程经理10年案例笔记** 王焕东　著	用自身工作和生活中的鲜活案例及思考后的心得呈现不一样的流程管理思想
透过决策看组织 李慧才　著	对西蒙管理行为进行贴近企业的通俗化解析和阐释	**为什么高管爱读德鲁克** 王鹏　著	辅助深读德鲁克、提升管理认知
		营销·销售	
一、企业销售			
大客户销售这样说这样做 陆和平　著	大客户销售活动的十大模块，68个典型销售场景	**向高层销售** 贺兵一　著	销售人员与客户高层打交道需要重点掌握的知识、技巧
资深大客户经理 叶敦明　著	将大客户经理必须具备的规划、策略、执行三种能力运用自如	**成为资深的销售经理** 陆和平　著	让销售经理成功把握销售管理的6个关键点，并提供工具
销售是个专业活 陆和平　著	据客户采购流程拆分销售过程十阶段，讲解方法技巧	**学话术　卖产品** 张小虎　著	手机、电动车、家电、食品等消费品的一线销售话术
工程项目大客户销售攻略 陆和平　著	三十八讲循序渐进，全方位透视工程大项目拿单的奥秘，通俗易懂，看了就能用	**大客户销售谈判：获得利润的最快途径** 陆和平　著	从不会谈判到成为谈判专家，帮助你在与大客户的谈判中轻松说服对方，实现从一次成交、成本价成交到高价成交、持续成交的转变
二、企业营销			
新营销组织力 迪智成　著	适应最新数字化外部环境，系统化协同组织能力建设	**营销按钮** 老苗　著	讲述存在于人性及各个营销环节中的“按钮”
精品营销战略 杜建君　著	“精品营销战略”核心逻辑与营销组合策略	**360°谈营销** 王清华　古怀亮　著	营销是立体的，从不同角度观察不同企业的营销精髓
互联网精准营销 蒋军　著	互联网时代整体策划、包装品牌和产品	**招招见销量的营销常识** 刘文新　著	做好基本的营销动作都可以提高销量、降低成本

续表

书名	内容	书名	内容
用数字解放营销人 黄润霖　著	用数字说话覆盖营销工作的方方面面	**用营销计划锁定胜局** 黄润霖　著	让营销计划落地，营销人员只需解决两个问题：基数与概率
新营销 2.0：从深度分销到立体连接 刘春雄　公方刚 牛恩坤　等著	立体连接打通三度空间，在互联网时代诞生快消品领域的超级巨头	**中国营销战实录** 联纵智达研究院　著	51 个案例，46 家企业，46 万字，18 年积淀
弱势品牌如何做营销 李政权　著	产品与物流通道、服务通道、促销互动通路，提供方法	**解决方案营销实战案例** 刘祖轲　著	十大工业品作者实操案例解码解决方案营销
升级你的营销组织 程绍珊　吴越舟　著	根据企业的实际情况建立有机性营销组织	**孙子兵法营销战** 刘文新　著	理解《孙子兵法》原意的同时，还可体悟到营销之用
老板如何管营销 史贤龙　著	十六个招式，理论与案例相结合，高段位营销方法	**渠道管理就这样做** 陆和平　著	渠道规划和设计、渠道成员选择和寻找、渠道谈判和签约、管理渠道日常活动、设计渠道激励政策、解决渠道冲突、渠道的评估和调整
三、品牌			
中国品牌营销十三战法 朱玉童　著	深度演绎最符合企业品牌营销策划的十三套实战战法	**中小企业如何打造区域强势品牌** 吴之　著	从如何建立强势品牌的角度解析扩张难题
小众战略：小资源打造强势品牌 吴修利　著	从品牌观念、市场调研、竞争机会、内部调整等角度，对产品、渠道、传播等核心原则进行了系统梳理	**把品牌建在顾客心里：4 步实现品牌 IP 化** 张学军　著	让品牌自带话题，自主传播
四、营销策划			
这样写文案，就没有卖不动的产品 秦剑　刘安丽　著	术、法、道三个层面由浅至深培养商业文案创作能力	**洞察人性的营销战术** 沈坤　著	介绍了 28 个匪夷所思的营销怪招，大部分可以直接运用
双剑破局：沈坤营销策划案例集 沈坤　著	双剑公司 8 年来的实操案例，每个项目诞生过程、策划角度和方法	**社区团购就这么干：供应商•平台•团长•用户** 陈海超　杨项刚　著	分享最新实践经验，一看就懂，照着就能做
企业案例			
鲁花：一粒花生撬动的粮油帝国 余盛　著	鲁花如何成长为优秀的带动农业产业发展的品牌，鲁花你一定学得会	**金龙鱼背后的粮油帝国** 余盛　著	以金龙鱼为脉的一部中国粮油行业的史诗
你不知道的加多宝 曲宗恺　牛玮娜　著	以时间为轴线，详细叙述了加多宝品牌的发展历程	**静水流深** 黄治国　著	作者在美的十五年对何享健内部讲话资料的整理
娃哈哈区域标杆 罗宏文　快车君 赵晓萌　寇尚伟　著	讲娃哈哈豫北市场如何成为娃哈哈全国第一大市场、全国增量第一的市场	**借力咨询：德邦成长背后的秘密** 官同良　王祥伍　著	德邦将自己积累的与咨询公司发展共赢的合作逻辑和盘托出
六个核桃凭什么从 0 过 100 亿 张学军　著	全视角深度解读养元企业的裂变成长，复盘十年蜕变轨迹	**像六个核桃一样** 王超　著	六个核桃为什么卖得这么好，产品畅销的 6 大要义 36 条简明法则

续表

书名	内容	书名	内容
中国首家未来超市 IBMG 集团　著	对乐城超市的掌门人及内部员工的采访详细阐释了乐城的经验	**三四线城市超市如何快速成长：解密甘雨亭** IBMG 集团　著	甘雨亭的许多关键经营指标均高于行业标准，学习其成功的方法
集团化企业阿米巴实战案例 初勇钢　著	作者在某酒厂推行阿米巴经营模式的心得		
经销商			
新经销：新零售时代教你做大商 黄润霖　著	探访近100位经销商在传统营销手法上的创新，传统营销微创新和新营销本地化	**商用车经销商运营实战** 杜建君　王朝阳 章晓青　著	对商用车经销商的经营与管理、4S 店运营做了全方面的总结
跟行业老手学经销商开发与管理 黄润霖　著	从管理耐用消费品经销商角度提炼了48个代表性问题并给出解决办法	**快消品经销商如何快速做大** 黄润霖　著	经销商如何通过经营实现规模，通过管理实现规模效益
建材家居经销商实战42章经 王庆云　著	经营管理的心法和战法，帮助经销商成为“业务妙手”和“管理能手”	**成为最赚钱的家具建材经销商** 李治江　著	针对建材家居行业的经销商，从销售模式、产品、门店、市场等方面给出方法
白酒经销商的第一本书 唐江华　著	对经销商如何选择厂家、合作、运营品牌等问题给出建议	**快消品招商的第一本书** 刘雷　著	从招商理论到招商动作进行系列化分解，化繁为简
大商方法：榜样经销商与厂家的合作之道 唐道明　著	洞察厂商合作的核心，为经销商提供可行的方法，手把手教你做大商	**快消品经销商成功密码** 舟谱商学院　著	通过8个真实经销商案例，分享快消品经销商成功经验与方法
中小企业			
中小企业如何打造区域强势品牌 吴之　著	从如何建立强势品牌的角度解析扩张难题	**用流程解放管理者** 张国祥　著	8个板块构成，共66篇文章，14幅流程管理图
用流程解放管理者2 张国祥　著	对中小企业规范化流程管理进行系统的阐述	**弱势品牌如何做营销** 李政权　著	产品与物流通道、服务通道、促销互动通路提供方法
本土化人力资源管理8大思维 周剑　著	用最贴近中国中小企业现实管理情境的案例讲述周围人的“家事”	**中小农业企业品牌战法** 韩旭　著	农业企业需要全产业链视野，更需要品牌实战方法
门店管理			
门店销售冠军复制系统 王吉坤　著	门店型企业如何打造可复制的销售冠军系统	**新零售动作分解与实操：建材·家居·家具** 盛斌子　著	对泛家居行业趋势、店面管理、团队管理、促销推广、五感营销等提供策略
家具建材促销与引流 薛亮　李永锋　著	对泛家居营销执行模式和工具、关键环节等进行汇总	**建材家居门店6力爆破** 贾同领　著	产品力、导购力、形象力、推广力、服务力、组织力
家具行业操盘手 王献永　著	总结家具终端门店发展的现状及问题并给出策略	**手把手教你做专业督导** 熊亚柱　著	系统梳理督导的核心技能，岗位职责、工作流程及技能

续表

书名	内容	书名	内容
手把手帮建材家居导购业绩倍增 熊亚柱　著	针对建材家居门店的业务人员，用案例故事还原场景教你成为好导购	**10步成为最棒的建材家居门店店长** 徐伟泽　著	梳理店长管理的核心工作职责、店面管理规范，帮助销售人员成长
建材家居门店销量提升 贾同领　著	9个板块讲述建材门店一个单店如何做到经营的良性循环	**总部有多强大，门店就能走多远** IBMG集团　著	五大方向综合阐述连锁零售企业总部如何提升管理能力
赚不赚钱靠店长，从懂管理到会经营 孙彩军　著	注重专卖店的经营思路拓展、门店管理细节方面能力的提升	**新医改了，药店就要这样开** 尚锋　著	从药店定位的思考，内部和会员管理等方面探讨中小型药店发展方向
电商来了，实体药店如何突围 尚锋　著	新时代药店经营的三驾马车：药学专业服务、会员贴心服务和精准定向促销	**引爆药店成交率1：店员导购实战** 范月明　著	药店人的零售工作，怎样接待顾客，完善销售技巧
引爆药店成交率2：药店经营实战 范月明　著	从药店经营角度建立改善门店现状的实用标准	**引爆药店成交率：专业化销售解决方案** 范月明　著	从简单的拿药服务到提供多角度的专业解决方案
口腔门诊盈利倍增：精益口腔 杨伟霞　王吉坤　著	为口腔门诊定制业绩提升管理系统并落地实施	**门店店长业绩增长100%** 熊亚柱　著	将店长遇到的障碍一扫而空，通过一个个生动的案例故事解析，帮你成为管理型店长，不再东奔西跑地瞎忙，让业绩成倍增长
互联网			
一、互联网转型			
画出公司的互联网进化路线图 李蓓　著	18个“可以……吗”的问题作为产品、客户和价值方面的指引牌	**7个转变，让公司3年胜出** 李蓓　著	企业估值、业务模式、营销、生产制造、客户服务、用户黏性、组织管理7个转变
重生战略移动互联网和大数据时代的转型法则 沈拓　著	四个重生战略对应四个法则，告知传统企业的转型重生之路	**创造增量市场：传统企业互联网转型之道** 刘红明　著	为读者提供了寻找这些互联网的切入点和接触点的具体方法，带来增量市场
互联网+变与不变 本土管理实践与创新论坛　著	61篇精华文章，聚焦传统行业如何互联网+时代转型	**今后这样做品牌** 蒋军　著	顶层设计、营销创新、产品战略、渠道变革、品牌策略
移动互联新玩法 史贤龙　著	立足现实，剖析新时代背景下的移动互联趋势与热点	**互联网时代的成本观** 程翔　著	多维组合成本的互联网精神和大数据特征及应用
正在发生的转型升级实践 本土管理实践与创新论坛　著	100多位本土管理专家当年对最新一年的思考和实践	**1000铁杆女粉丝** 张兵武　著	如何让普通女性成为忠实追随的铁杆粉丝，磁力点、情感结、甜蜜区、信任圈
混沌与秩序Ⅰ：变革时代企业领先之道 彭剑锋　施炜　苗兆光 王祥伍　孙波　夏惊鸣	新环境下企业面临变革应如何应对，企业家如何坚守并与企业共同成长	**混沌与秩序Ⅱ：变革时代管理新思维** 彭剑锋　施炜　苗兆光 王祥伍　孙波　夏惊鸣	对处于时代变革下的企业管理新机制、人力资源管理新思维，组织与人的新型关系，结合案例提出优化建议
消费升级：实践·研究 本土管理实践与创新论坛　著	从经营、管理、行业三个方面记录消费升级下的实践	**互联网精准营销** 蒋军　著	互联网时代整体策划、包装品牌和产品
智能推荐：让你的业务千人千面 刘国旻　周波　著	从资讯、电商、文娱行业来详细讲解智能推荐的应用，用户时间的争夺战	**制造业外贸营销网站建设** 宋金亮　著	介绍整个网站从无到有的实现过程，从分析思路、撰写内容到规划页面，列举了大量正反面实例，帮助读者理解和投入实践

续表

书名	内容	书名	内容
零售巨头数字化转型操盘笔记 江楠　著	一线操盘运营经理分享传统零售巨头的新零售到家业务全盘操作细节		
二、抖音、微信微商、电商			
书名	内容	书名	内容
抖音营销系统 刘大贺　著	抖音系统的实战营销知识，上百个从0做大的案例	**金牌微商团队长** 罗晓慧　著	微商团队长创业实操的指导工具书
微商生意经：真实再现33个成功案例操作全程 伏泓霖　罗晓慧　著	精心挑选的33个微商成功案例，阐述具体操作过程	**快速见效的企业微信营销方法** 孙巍　著	站在微信生态的立体高度系统讲述企业微信快营销方法论
阿里巴巴实战运营：14招玩转诚信通 聂志新　著	产品定位、阿里巴巴排名因素、数据分析、标题优化等	**阿里巴巴实战运营2：诚信通热卖技巧** 聂志新　著	打开诚信通运营的金钥匙，十大具体运营技巧
电商高管私房课 子道　著	深刻剖析“结硬寨，打呆仗”的经营理念和操作方法，是电商零售管理者和执行团队的好参谋		
三、行业新营销			
餐饮新营销 杨勇　程绍珊　著	聚焦餐饮企业转型，系统的餐饮企业营销管理体系	**新零售进化路径** 李政权　著	预先复盘新零售及商业的未来，找到方向
珠宝黄金新营销 崔德乾　著	珠宝业新营销/新品牌/新产品/新零售/新连接/新场景/新服务/新传播/新管理	**黄金珠宝就这样卖：导购员月销百万的秘籍** 崔德乾　著	让顾客留下试戴、买单的80个技巧，让高级客户感动、一般客户依赖的6大行动秘籍。上午学下午用，让你成为月销百万的销售明星
新零售动作分解与实操：建材·家居·家具 盛斌子　著	对泛家居行业趋势、店面管理、团队管理、促销推广、五感营销等提供策略	**新营销** 刘春雄　著	让品牌商和渠道商掌握获得独立流量的能力，能够与平台商博弈
快速见效的企业网络营销方法 B2B　大宗 B2C 张进　著	数据和案例90%来自作者服务的中小企业，快速全面地学习企业网络营销方法	**移动互联下的超市升级** 联商网专栏　著	超市未来的发展趋势，对社区超市、生鲜、全渠道建设、O2O等提出观点
百货零售全渠道营销策略 陈继展　著	零售行业的竞争重点、行业本质、战略转型、未来趋势、经验和案例	**互联网时代的银行转型** 韩友诚　著	银行业在互联网金融变革浪潮中所做的积极应对和转型布局
触发需求：互联网新营销样本·水产 何足奇　著	通过鲜誉案例解读阐述水产行业如何进行互联网转型	**新农资如何弯道超车** 刘祖轲　著	从农业产业化、互联网转型、行业营销与经营突破四个方面阐述农资企业转型
新零售　新终端 迪智成　著	将新零售系统打法做梳理并落地在新终端建设上	**新经销：新零售时代教你做大商** 黄润霖　著	探访近100位经销商在传统营销手法上的创新，传统营销微创新和新营销本地化
医药医疗			
一、药店			
新医改了，药店就要这样开 尚锋　著	从药店定位的思考、内部和会员管理等方面探讨中小型药店发展方向	**电商来了，实体药店如何突围** 尚锋　著	新时代药店经营的三驾马车：药学专业服务、会员贴心服务和精准定向促销
引爆药店成交率1：店员导购实战 范月明　著	药店人的零售工作，怎样接待顾客，完善销售技巧	**引爆药店成交率2：药店经营实战** 范月明　著	从药店经营角度建立改善门店现状的实用标准
引爆药店成交率：专业化销售解决方案 范月明　著	从简单的拿药服务到提供多角度的专业解决方案	**连锁药店新风口：资本　智能　大数据** 动脉网　著	对我国连锁药店的市场环境、行业现状等进行分析，给出对连锁药店未来发展趋势的预判

续表

书名	内容	书名	内容
药店导购关联销售技巧与成交话术 范月明　著	以药店情景案例导入，介绍常见疾病的导购销售话术与顾客心理分析，进而提供关联销售解决方案		
二、药品销售			
医药第三终端：从控销到动销　诊所　基层医疗 王祥君　张芳文　著	用大量案例来梳理药企落地动销的策略、方法和技战术	医药营销：诊所开发维护与动销 张江民　著	从六个方面系统阐述基层诊所市场营销攻略
处方药合规推广实战宝典 赵佳震　著	对处方药推广体系搭建、推广人员岗位内容等六个方面进行阐述	医药代理商经营全指导 戴文杰　著	从产品选择、价格体系设计、路径管理等维度描述代理商产品操作的基本策略
处方药零售这样做 田军　著	处方药零售的重要性及做市场的具体措施和方法	OTC 医药代表药店开发与维护 鄢圣安　著	一位从初级 OTC 医药销售代表成长起来的销售经理的经验分享
OTC 医药代表药店销售 36 计 鄢圣安　著	以《三十六计》为线，阐述 OTC 医药代表向药店销售的技巧与策略	做医生信赖的医药代表 邹晓徽　宁剑锋 朱文虎　著	医药代表如何在合规要求下做好药品推广工作的操作工具书
三、药企转型			
药企战略·运营与医药产业重构 杜臣　著	医药产业的深度认知与发展趋势结合，战略思考与经营操作相统一	医药行业大洗牌与药企创新 林延君　沈斌　著	围绕创新介绍医药行业，介绍近百家医药企业创新实践案例
医药新营销 史立臣　著	从药企最关心的八个方面阐述制药企业、医药商业企业营销模式转型	医药企业转型升级战略 史立臣　著	从商业模式转型、管理转型、定位转型、运营模式转型和跨界转型五方面阐述转型
新医改下的医药营销与团队管理 史立臣　著	立足新医改相关政策的解读，为中小医药企业出谋划策	在中国，医药营销这样做 段继东　著	时代方略在医药营销领域思想、方法文章的精选合集
四、新医疗			
成为医疗器械领军者 王强　著	中小医疗器械生产企业和代理商怎样转型	新型诊所经营与创新 动脉网　著	对新型诊所从标准化管理、经营方式、团队建设、连锁模式四个方面进行解读
医美新风口：颜值经济下的亿万市场 动脉网　著	详细介绍中国医疗美容行业的发展趋势、现状及医美产业链等	互联网医院：正在发生的医疗新变革 动脉网　著	介绍互联网医院的建设与运营、管理，发展模式和市场布局，以及发展规律
快消品			
一、快消案例			
中国快消品营销这些年 史贤龙　著	一本书浓缩快消品营销 15 年的实战历程与前沿思考	这样打造大单品 迪智成　著	通过 13 个大案例帮助企业梳理打造大单品的路径
你不知道的加多宝 曲宗恺　牛玮娜　著	以时间为轴线，详细叙述了加多宝品牌的发展历程	娃哈哈区域标杆 罗宏文　快车君　赵晓萌 寇尚伟　著	娃哈哈豫北市场如何成为娃哈哈全国第一大市场、全国增量第一的市场
六个核桃凭什么从 0 过 100 亿 张学军　著	全视角深度解读养元企业的裂变成长，复盘十年蜕变轨迹	像六个核桃一样 王超　著	六个核桃为什么卖得这么好，产品畅销的 6 大要义 36 条简明法则

续表

书名	内容	书名	内容
5 小时读懂快消品营销 陈海超　著	20 年快消品市场风云洞察解码，丰富的案例解析		
二、快消品区域经理			
快消品营销团队管理 刘雷　伯建新　著	快消品团队管理相关的 20 余个工具 +20 余个案例	**这样打造快消品区域标杆** 罗宏文　牛玉龙　著	分两篇解决如何成功打造标杆市场和进行持续增量管理两大问题
成为优秀的快消品区域经理（升级版） 伯建新　著	作为区域经理的“速成催化器”，升级版增加 11 篇内容	**快消老手都在这样做：区域经理操盘锦囊** 方刚　著	一线成长起来的资深快消品营销人“压箱底”绝活
快消品营销人的第一本书 刘雷　伯建新　著	针对一线厂家业务员工作中常遇到的问题给予建议	**销售轨迹：一位快消品营销总监的拼搏之路** 秦国伟　著	一个普通营销人的故事，16 年背井离乡的职场拼搏之路
快消品营销：一位销售经理的工作心得 2 蒋军　著	从市场操作、团队管理、传播推广、营销的具体策略和战略等方面提供方法	**快消品区域/城市经理全渠道管理** 许翔　著	一位在日化巨头一线打拼多年的城市经理操作经验分享
三、快消品动销			
动销：产品是如何畅销起来的 余晓雷　著	从怎么被消费者买走和竞争对手是谁这两个原点解决动销问题	**动销操盘：节奏掌控与社群时代新战法** 朱志明　著	用七个章节阐述关于动销操盘的要诀，节点、节奏、主次、条件匹配性等问题
动销四维：全程辅导与新品上市 高继中　著	从产品、渠道、促销和新品上市四个方面详细讲解提高动销的具体方法	**快消品经销商这样做才赚钱** 张宇　著	从全新的角度，解读经销商的经营困境，并提供可实操的解决方法
快消新产品成功上市 伯建新　著	新产品是什么？新产品该如何去做？新产品要如何销起来，长销而不是昙花一现？本书给你答案		
四、快消品渠道			
深度分销 施炜　著	渠道价值链、模式选择、渠道策略与管理、零售经销商管理、最佳实践、团队建设	**通路精耕操作全解** 周俊　陈小龙　著	对康师傅的制胜法宝通路精耕进行系统的介绍与说明，图表和完善入微的操作方法
酒水饮料快消品餐饮渠道营销手册 朱伟杰　著	对餐饮渠道深入挖掘，建立适合餐饮渠道发展的服务模式和组织保障措施	**快消品经销商如何快速做大** 杨永华　著	经销商如何通过经营实现规模，通过管理实现规模效益
快消品营销与渠道管理 谭长春　著	解决日常涉及的渠道管理、市场、产品等营销事务	**快消品招商的第一本书** 刘雷　著	从招商理论到招商动作进行系列化分解，化繁为简
采纳方法：化解渠道冲突 朱玉童　著	21 个最新的渠道冲突案例立体地介绍渠道冲突的现象和方法	**快消品促销管理与方案：规划 技能 工具** 张荣举　著	涵盖促销规划、打法、具体落地执行的细节和终端人员技能及训练，结合线上线下运作，提供全套方法
五、快消品企业战略			
重构：升级你的竞争优势 杨永华　著	用 7 大思维，帮你的企业提升档位	**变局下的快消品实战策略** 杨永华　著	从 5 个角度针对快消品企业如何应对行业变局给出答案
新营销 刘春雄　著	让品牌商和渠道商掌握获得独立流量的能力，能够与平台商博弈	**采纳方法：破解本土营销 8 大难题** 朱玉童　著	破解困扰营销人的八大难题，给出解决方法
白酒营销培训宝典：复制高业绩 刘孝鞅　著	总结白酒营销人员系统运作市场的要点，转化为易学可复制的动作和工具表单	**酒水饮料快消品餐饮渠道营销手册** 朱伟杰　著	对餐饮渠道深入挖掘，建立适合餐饮渠道发展的服务模式和组织保障措施

续表

书名	内容	书名	内容
白酒			
白酒营销的第一本书 唐江华　著	多角度阐释白酒一线市场操作的最新模式和方法	**白酒经销商的第一本书** 唐江华　著	对经销商如何选择厂家、合作、运营品牌等问题给出建议
白酒到底如何卖 赵海永　著	多角度阐释白酒一线市场操作的最新模式和方法	**白酒到底如何卖2：从市场培育到动销** 赵海永　著	系统化、标准化、模式化的促成动销的实战操作方式和方法
变局下的白酒企业重构 杨永华　著	白酒企业重构期的营销战略与实操策略6大方法	**酒业转型大时代** 微酒　著	酒水营销、新闻资讯及行业分析、预测的知识宝典
区域型白酒企业营销必胜法则 朱志明　著	以36条法则从战略、营销、推广、产品线、品牌、市场、战术等方面提供方法	**10步成功运作白酒区域市场** 朱志明　著	从市场攻守、产品攻略、新品上市、占领渠道、促销等十个层面阐述
白酒营销1：中小酒企操盘与崛起 徐伟　徐涛　著	深入分析品牌与行业、操作方法，提供营销实操宝典	**白酒营销2：品类创新策略升级** 黑格咨询　著	立足行业现状，建立品类创新、营销模式创新路径，提供市场建设方法、营销策略与工具案例
茶·调味品·油·乳业			
营销中国茶：2小时读懂茶叶营销 史贤龙　著	中国茶营销的“困局”“破局”和“创举”	**中国茶叶营销第一书** 柏龑　著	纵览中国茶叶市场的全局，并且有针对性地提出问题并阐述解决方法
调味品营销第一书 陈小龙　著	15年监控中国市场50个中外著名调味品品牌市场运作、管理等的经验总结	**调味品企业八大必胜法则** 张戟　著	提炼了调味品企业八大规律性的关键成功要素
食用油营销的第一本书 余盛　著	从小包装油行业概述到产品的基本知识，从基本执行动作到品牌整体策划等	**鲁花：一粒花生撬动的粮油帝国** 余盛　著	鲁花如何成长为优秀的带动农业产业发展的品牌
金龙鱼背后的粮油帝国 余盛　著	以金龙鱼为脉的一部中国粮油行业的史诗	**乳业营销的第一本书** 侯军伟　著	区域型乳品企业如何才能稳健发展
调味品经销商公司化运营 张戟　著	调味品和快消品经销商如何从“个体户”到“公司化”，一步步推进的具体方法		
工业品			
一、工业品销售			
大客户销售这样说这样做 陆和平　著	大客户销售活动的十大模块，68个典型销售场景	**销售是个专业活** 陆和平　著	据客户采购流程拆分销售过程十阶段、讲解方法技巧
成为资深的销售经理：B2B工业品 陆和平　著	让销售经理成功把握销售管理6个关键点，并提供工具	**一切为了订单：订单驱动下的工业品营销实践** 唐道明　著	以订单流程的三个环节为主线讲述工业品营销管理新思路
订单是这样拿到的 郑文洲　著	作者近10年销售生涯的回顾，真实销售故事和成功经验分享		
二、工业品营销			
工业品营销管理实务（第4版） 李洪道　著	是信任导向工业品营销体系的深化版、工业品营销管理体系优化咨询的升级版	**工业品企业如何做品牌** 张东利　著	为当下中国制造的品牌化转型提供经过实践证明的理念、方法和体系

续表

书名	内容	书名	内容
工业品市场部实战全指导 杜忠　著	解决职能不清、市场部五大职能如何运作、职业发展路径等具体问题	**解决方案营销实战案例** 刘祖轲　著	十大工业品作者实操案例解码解决方案营销
资深大客户经理：策略准　执行狠 叶敦明　著	将大客户经理必须具备的规划、策略、执行三种能力运用自如	**渠道管理就这样做** 陆和平　著	渠道规划和设计、渠道成员选择和寻找、渠道谈判和签约、管理渠道日常活动、设计渠道激励政策、解决渠道冲突、渠道的评估和调整
三、工业品企业			
变局下的工业品企业7大机遇 叶敦明　著	探索工业品企业成长的新机会，7大战略与战术性机会	**两化融合管理体系贯标流程与方法** 戴勇　著	融合五十多家企业在两化融合贯标过程的经验，总结重点与举措
丁兴良讲工业4.0 丁兴良　著	多角度阐述中国在工业4.0的机遇和挑战		
建材家居			
一、建材家居门店			
家居建材促销与引流 薛亮　李永锋　著	对泛家居营销执行模式和工具、关键环节等进行汇总	**新零售动作分解与实操：建材·家居·家具** 盛斌子　著	对泛家居行业趋势、店面管理、团队管理、促销推广、五感营销等提供策略
家具行业操盘手 王献永　著	总结家具终端门店发展的现状及问题并给出策略	**手把手教你做专业督导** 熊亚柱　著	系统梳理督导的核心技能、岗位职责、工作流程及技能
手把手帮建材家居导购业绩倍增 熊亚柱　著	针对建材家居门店的业务人员、案例故事还原场景，教你成为好导购	**10步成为最棒的建材家居门店店长** 徐伟泽　著	梳理店长管理的核心工作职责、店面管理规范和帮助销售人员成长
建材家居门店销量提升 贾同领　著	9个板块讲述建材一个单店如何做到经营的良性循环	**建材家居门店6力爆破** 贾同领　著	产品力、导购力、形象力、推广力、服务力、组织力
二、建材家居经销商			
新经销：新零售时代教你做大商 黄润霖　著	探访近100位经销商在传统营销手法上的创新，传统营销微创新和新营销本地化	**建材家居经销商42章经** 王庆云　著	经营管理的心法和战法，帮助经销商成为“业务妙手”和“管理能手”
成为最赚钱的家具建材经销商 李治江　著	针对建材家居行业的经销商，从销售模式、产品、门店、市场等方面给出方法		
三、建材家居企业			
定制家居黄金十年 韩锋　翁长华　著	对中国定制家居行业20年发展历程进行深度、系统、专业的解读	**建材家居营销：除了促销还能做什么** 孙嘉晖　著	探索家居建材行业营销的革命，发现行业“营销天花板”的突破口
建材家居营销实务：新环境、新战法 程绍珊　杨鸿贵　著	针对建材家居市场特点提出以客户价值为基础的整体营销价值链	**全屋整装　高利润运营手册** 翁长华　陈平　著	十大维度解决实际问题，是0到1极具操作性的整装指南
零售·餐饮·服装·影院·美容院			
新零售进化路径 李政权　著	预先复盘新零售及商业的未来，找到方向	**新零售　新终端** 迪智成　著	梳理新零售系统打法并落地在新终端建设上

续表

书名	内容	书名	内容
移动互联下的超市升级 联商网　**著**	超市未来的发展趋势，对社区超市、生鲜、全渠道建设、O2O等提出观点	**百货零售全渠道营销策略** 陈继展　**著**	零售行业的竞争重点、行业本质、战略转型、未来趋势、经验和案例
超市卖场定价策略与品类管理 IBMG集团　**著**	零售企业的市场拓展与商品定位、商品结构与商品陈列、毛利分析与库存分析	**连锁零售企业招聘与培训破解之道** IBMG集团　**著**	围绕零售企业组织架构、培训体系建设等内容进行探讨
总部有多强大，门店就能走多元 IBMG集团　**著**	五大方向综合阐述连锁零售企业总部如何提升管理能力	**三四线城市超市如何快速成长：解密甘雨亭** IBMG集团　**著**	甘雨亭的许多关键经营指标均高于行业标准，学习其成功的方法
中国首家未来超市：解密安徽乐城 IBMG集团　**著**	对乐城超市的掌门人及内部员工的采访详细阐释了乐城的经验	**零售：把客流变成购买力** 丁昀　**著**	通过大量的实际案例对中国零售业态的升级转型之路提出思考
餐饮新营销 杨勇　程绍珊　**著**	聚焦餐饮企业转型，系统的餐饮企业营销管理体系	**电影院的下一个黄金十年** 李保煜　**著**	介绍了中国电影产业的运作模式及电影院的开发、设计思路
餐饮企业经营策略第一书 吴坚　**著**	阐述餐饮企业产品之道、市场之道、顾客之道及盈利之道	**赚不赚钱靠店长，从懂管理到会经营** 孙彩军　**著**	注重专卖店的经营思路拓展，门店管理细节方面能力提升
时装买手自学通 范敏娜　**编著**	从流行趋势调研、商品企划、采购渠道、数据管理到店铺销售等时装买手需要具备的能力与操盘技巧	**美容院/养生馆高盈利经营模式** 陈鹏飞　**著**	5步实现店铺高盈利方法与策略
零售巨头数字化转型操盘笔记 江楠　**著**	一线操盘运营经理分享传统零售巨头的新零售到家业务全盘操作细节		
农牧业			
一、农资			
饲料营销有方法 陈石平　**著**	饲料营销的7大核心命题	**农资营销实战全指导** 张博　**著**	在农资市场行之有效的营销策略和工具
新农资如何弯道超车 刘祖轲　**著**	农业产业化、互联网转型、行业营销与经营突破		
二、农牧企业			
中国牧场管理实战 黄剑黎　**著**	对牧场管理标准、管理制度、操作规程做出剖析和指引	**中小农业企业品牌战法** 韩旭　**著**	农业企业需要全产业链视野，更需要品牌实战方法
变局下的农牧企业9大成长策略 彭志雄　**著**	为农牧企业量身打造了9个立足现在、展望未来的成长策略	**农产品营销实战第一书** 胡浪球　**著**	针对33个农产品营销的核心问题提供具体招数
农产品全网营销 吴之　**著**	帮助全国农业合作社、家庭农场打造农产品品牌		
地产·汽车			
一、地产			
中国城市群房地产投资策略 吕俊博　刘宏　**著**	挖掘主要城市群的现状特征、发展因子、演化趋势、竞争关系等，给出分析建议	**产业园区/产业地产：规划、招商、实战运营** 阎立忠　**著**	从认知、规划、招商、运营四方面系统解读产业园区的建设精要和运营技巧
人文商业地产策划 戴欣明　**著**	“全球化视野（创意）”+“人文+”思维	**产业园区/产业地产2：系统化经营与操盘攻略** 阎立忠　**著**	全方位系统解析产业园区运营策略

续表

书名	内容	书名	内容
从零开始打造产业园区 刘晓君　著	全流程，系统化，注重细节，多角度教你打造产业园区		
二、汽车			
商用车经销商运营实战 杜建君　著	对商用车经销商的经营与管理、4S店运营做了全方面的系统总结	**汽车配件这样卖** 俞士耀　著	适合轮胎、机油、维修、快保、美容、洗车等汽车服务业态销售实操办法
润滑油销售：这样说，这样做更有效 张金荣　著	总结润滑油销售面对三大客户常遇到的200余个营销问题解决方法	**润滑油品牌营销** 张金荣　著	没有说教，只有方法，适合小微企业、代工品牌、经销商、营销人阅读
投资理财·收购资本			
交易心理分析 马克·道格拉斯 【美】　著	一语道破赢家的思考方式，并提供了具体的训练方法	**财报背后的投资机会** 蒋豹　著	零基础轻松掌握财务报表的相关知识，快速入门
写给企业家的公司与家庭财务规划 周荣辉　著	以企业的发展周期为主线，介绍各阶段企业与企业主家庭的财务规划	**分股合心** 段磊　周剑　著	围绕股权激励，详细介绍相关知识和实行方法
成功并购300问 浩德并购军师联盟　著	系统学习资本运作和企业并购知识的金融工具书	**并购名著阅读指南** 叶兴平　著	从全球5000多本并购图书中精选200本并进行评价
避开股权合伙这些坑 苏雯静　著	根据创始合伙人、外部合伙人、内部合伙人等方面的实际案例做归纳和梳理	**产业并购操盘手** 张军杰　著	15个案例，11个范本，38个图表，拿来即用
科创板IPO上市全流程指导 丁先云　刘海旭　著	不仅有各项制度的深入剖析，更有各种问题和解决方案的详细论述，配合案例，轻松操作	**市值战略：上市公司市值管理有方法** 和恒咨询　著	正确理解，系统规划、全面执行市值战略。从"势道法术力"五个维度思考和设计市值战略
阿米巴			
阿米巴经营的中国模式 李志华　著	基于阿米巴经典理念提出了适合中国本土的员工自主经营的"1532"模型	**集团化企业阿米巴实战案例** 初勇钢　著	作者在某酒厂推行阿米巴经营模式的心得
中国式阿米巴落地实践之激活组织 胡八一　著	划分原则、裂变与整合、组织管控、重新定位、巴长竞聘和组阁	**中国式阿米巴落地实践之从交付到交易** 胡八一　著	从6个方面阐述经营会计，从交付到交易是成功实施阿米巴的标志
中国式阿米巴落地实践之持续盈利 胡八一　著	企业做成平台、平台做成阿米巴、阿米巴做成合伙制		
人力资源管理			
一、绩效·薪酬			
回归本源看绩效 孙波　著	从目的和概念帮助企业梳理绩效管理与经营的关系	**走出薪酬管理误区** 全怀周　著	从7个常见的薪酬误区入手为企业提供一套系统解决方法
曹子祥教你做绩效管理 曹子祥　著	作者核心授课课程的还原，掌握绩效管理的核心内容	**曹子祥教你做激励性薪酬设计** 曹子祥　著	作者28年咨询经验总结，如何进行科学的薪酬体系设计
把招聘做到极致 远鸣　著	资深招聘经理多年工作心得的提炼	**把招聘做到极致2：灰度招聘全攻略** 黄渊明　李佳倩　著	从实战需求出发，兼容并包各种优秀的招聘理论、方法、经验与工具，并进行创新性的应用

续表

二、招聘·面试·培训			
书名	内容	书名	内容
把面试做到极致 孟广桥　著	一套实用的确定岗位招聘标准，提升面试官技能方法	**世界500强资深培训经理人教你做培训管理** 陈锐　著	构建培训体系、培训组织、培训文化、开发培训资源，教你做培训管理
把猎头做到极致 李佳倩　黄渊明　著	帮助猎头顾问从平庸走向优秀	**招聘面试：用提问得到真相** 陈硕　著	十二年资深HR招聘面试经验分享，教你学会如何提问
人才评价中心漫画版 邢雷　著	用漫画形式写成的人才测评专业书籍	**上市公司培训体系搭建** 初忠宝　著	上市公司培训经理分享体系搭建的框架和案例
三、HR高管·劳动法			
经营型HRD 黄渊明　著	总结企业HRD如何支撑企业经营，抓好七件关键事情	**人才供应链：实现高绩效均衡的人才管理模式** 许锋　著	打造人才供应链的四大支柱、十项修炼的完整体系
新任HR高管如何从0到1 新海　著	到互联网创业型企业担任HRVP，从0到1建立较完善的HR体系	**人力资源体系与e-HR信息化建设** 刘书生　陈莹　王美佳　著	6大框架、28个关注点、5大目标、6大优势、166个交付物咨询体系和盘托出
集团化人力资源管理实践 李小勇　著	针对集团型企业人力资源管理的问题提出科学建议	**我的人力资源管理笔记** 张伟　著	第三方咨询视角跳出“技术方法”看人力资源管理
人力资源的5分钟劳动法 李皓楠　著	入职管理、在职管理、离职管理中遇到的劳动法问题及应对	**海外人力资源管理：帮企业成功“走出去”** 黄渊明　著	弥补了中国企业海外人力资源管理实践体系建设的空白，具有开创性意义
从零开始学：胜任力模型建模与应用 林丽萍　著	手把手教你做胜任力建模，并通过大量的企业案例拆解介绍模型在各个方面的落地应用	**上市公司总经理助理工作笔记** 黄娜　著	40个案例，教你从小白助理到资深总助
用好任职资格体系 杨序国　著	以某企业为案例，系统地介绍了企业HR如何通过任职资格体系帮助员工成长	**胜任力模型咨询笔记** 韩文卿　著	吸取和总结了世界500强企业的胜任力模型搭建体系和方法
三支柱与业务型人力资源部建设 段凤鸣　著	从专业型HR走向业务型HR，有效提高HR在企业绩效中的贡献值		
四、HRBP			
HRBP是这样炼成的之菜鸟起飞 黄渊明　著	作者在初步转型HRBP两年时间里摸索实践的亲身经历与总结	**HRBP是这样炼成的之中级修炼** 黄渊明　著	结合作者亲身从事HRBP的工作经历，总结HRBP的作战故事
HRBP高级修炼 黄渊明　著	故事方式，HRD角度深度呈现运用HRBP的思维、方法		
企业文化			
企业文化落地本土实践 王祥伍　著	华夏基石“知信行”模型描绘企业文化落地路线图	**企业文化的逻辑** 王祥伍　著	从文化起源深刻剖析文化、效率、企业、企业文化联系
企业文化定位·落地一本通 王明胤　著	企业文化理念传播和落地聚焦的17种方法，解读了近100个实战案例	**36个拿来就用的企业文化建设工具** 海融心胜　著	汇集整理了36个通用的企业文化实践工具
企业文化激活沟通 宋杼宸　安琪　著	系统阐述沟通与企业文化的关系，给予企业提升沟通效能的企业文化解决方案	**企业文化建设超级漫画版** 邢雷　著	用漫画形式写成的企业文化建设专业书籍，理论体系和29个具体的操作方法
在组织中绽放自我 朱仁建　著	个人与组织之间的关系，文化对组织化形成的影响	**用企业文化提升经营绩效** 彭剑锋　尚艳玲　主编	企业要想在竞争中利于不败之地，就不能没有能打胜仗的企业文化与领导力
企业文化建设与咨询工具　案例 尹宏亮　著	着眼难题，为企业“把脉”做诊断		
流程管理			
营销·研发·供应链业务架构与流程管理 谭勋晖　著	营销、研发、供应链三大业务流程变革实践经验总结	**打造集成供应链** 王春强　著	第一用力在“集成”上，梳理内外部相关模块及其依赖关系

续表

人人都要懂流程 金国华　余雅丽　著	50幅流程管理漫画，内部对流程价值理念的高度共识	**用流程解放管理者** 张国祥　著	8个板块构成，共66篇文章，14幅流程管理图
用流程解放管理者2 张国祥　著	对中小企业规范化流程管理进行系统的阐述	**跟我们学建流程体系** 陈立云　罗均丽　著	在《跟我们做流程管理》的基础上丰富了标杆实践案例
质量管理			
书名	内容	书名	内容
16949质量管理体系落地与全套文件汇编 谭洪华　著	对IATF16949每个条款讲解采用理解、作用、落地、模板、成功案例模块解析	**ISO9001：2015制造业文件模板全集** 贺红喜　著	五篇内容组成的完整的质量管理体系工具文件
精益质量管理实战工具 贺小林　著	四个方面对精益质量管理进行了全方位介绍和解读，并提供大量的方法工具	**五大质量工具详解及运用案例** 谭洪华　著	APQP、FMEA、MSA、SPC、PPAP五大质量工具的具体运用
IATF16949质量管理体系详解与案例文件汇编 谭洪华　著	针对IATF16949的标准原文做详细解说，同时提供大量的表单案例	**SA8000：2014社会责任体系认证实战** 吕林　著	将SA8000多版本及10多年的体系实战经验汇编成书
ISO9001：2015新版质量管理体系解读与案例文件汇编 谭洪华　著	对ISO9001：2015新版标准理解和运用操作进行详细解读	**ISO14001：2015新版环境管理体系解读与案例文件汇编** 谭洪华　著	ISO14001：2015改版后的差别和操作运用进行详细讲解
我在世界500强做供应商质量管理 宋华　著	分享汽车行业成熟的供应商质量管理体系和方法，都是作者的亲身经历	**ISO45001职业健康安全管理体系落地+全套案例文件** 谭洪华　著	每个条款清晰讲解，内容完全落地，轻松运用
五大质量工具之FMEA（2019第五版）详解及运用落地 谭洪华　著	对2019年6月修订的第五版FMEA标准进行详解，提供落地操作方法和全部案例文件，可直接套用		
精益生产			
一、精益·JIT·IE			
精益思维：超越对手的力量 刘承元　著	以尊重人性的精益思想为切入点，分别从管理者的精益理念、精益思维、精益实践、精益中国制造等方面进行独到的分析	**比日本工厂更高效** 刘承元　著	管理提升无极限+超强经营力+精益改善里的成功实践
计划与物流精益改善之道 于晓光　著	围绕“计划与物流战略咨询的方法论”进行解析，提供方法论和案例	**300张现场图看懂精益5S** 乐涛　著	通过日本丰田、上市企业案例，用300张现场图系统讲解5S管理
3A顾问精益实践1：IE与效率提升 党新民　苏迎斌　蓝旭日　著	系统、全面地介绍IE工厂管理技术，提高效率创造价值	**3A顾问精益实践2：JIT与精益改善** 肖智军　党新民　著	系统、全面地介绍JIT生产方式，并加入实践案例
高员工流失率下的精益生产 余伟辉　著	从三方面论述推行精益管理时如何应对员工流失	**让员工爱上6S管理** 肖智军　著	提供了众多企业的原版资料、案例，还汇集了一些企业骨干的推行感想、感悟及反思
200张图表学精益管理：IE工厂效率提升方法 刘秀堂　著	IE工程师视角，全是一线经验。精益落地的实操方法，大量图表工具让你上手就能做		

续表

书名	内容	书名	内容
二、生产管理			
化工企业工艺安全管理实操 黄娜　著	围绕化工工艺安全14要素来展开分析	手把手教你做专业生产经理 黄娜　著	生产经理如何在信息流、物流、资金流三大流中开展工作
欧博心法：好工厂　靠管理 曾伟　著	从管人篇和管事篇帮助读者解决人难管、事难控	欧博工厂案例1：生产计划管控对话录 曾伟　曾子豪　著	工厂管理生产计划管控模块的8个全景细节大案例
欧博工厂案例2：品质技术改善对话录 曾伟　曾子豪　著	工厂管理品质、技术、效率管理模块的10个全景细节大案例	欧博工厂案例3：员工执行力提升对话录 曾伟　曾子豪　著	工厂管理人员管控模块的5个全景细节大案例
工厂管理实战工具 曾伟　著	中国传统文化指导下的工厂管理工具	制造业成本倍减42法 王天江　著	42种经过实际验证有效的成本降低方法，用61个真实案例说明
制造企业上10亿其实并不难 杨小林　著	年产值1亿~10亿元中小制造企业在工厂经营和管理上的业务指导		
三、班组长			
全能型班组：城市能源互联网与电力班组升级 国网天津电力公司　著	从互联网时期的班组转型升级出发，对新型班组组织模式和运行机制进行设想	国网天津电力全能型班组建设实务 国网天津电力公司　著	聚焦天津电力公司在探索全能型班组转型升级时的优秀实践
咨询·培训师			
培训师事业长青之道 廖信琳　著	培训师自我管理的“洋葱模型”、十项内容与五个层级	管理咨询师的第一本书 熊亚柱　著	深度剖析初级入行咨询师在工作中遇到的问题
资深管理咨询顾问工作心得 张国祥　著	使用手册讲述咨询师如何操作项目、老板如何选择咨询师、企业如何自主落地	手把手教你做顶尖企业内训师 熊亚柱　著	从开、控、收、编、制、用的角度去履行培训师的职责
TTT培训师精进三部曲上 廖信林　著	手把手教你“深度改善现场培训效果”的一招一式	TTT培训师精进三部曲中 廖信林　著	建构一整套培训课程设计与开发的认知架构和方法体系
TTT培训师精进三部曲下 廖信林　著	通过“沉淀职业功力的六度模型”，帮助培训师在职业技能上持续精进	轻咨询：老板问诊管理咨询专家实录20例 董坤　著	从1000+案例中精选的24个咨询案例笔记整理而成
产品·研发			
研发体系改进之道 靖爽　陈年根 马鸣明　著	取材数十家企业研发改进的咨询实践，提炼一套实操的改进步骤与工具	新产品开发管理，就用IPD（升级版） 郭富才　著	把产品经营的思想凝结在新产品开发管理机制中，升级版更丰富
产品开发管理：方法·流程·工具 任彭枞　著	结合超过300家企业的实际研发管理方法，总结问题和方法，大量表格	资深项目经理这样做新产品开发管理 秦海林　著	采用过程管理方法，对新产品开发的四大过程进行分析，主要针对小电器产品
产品炼金术Ⅰ：如何打造畅销产品 史贤龙　著	打造畅销产品的四个方法	产品炼金术Ⅱ：如何用产品驱动企业成长 史贤龙　著	从经营者视角重新认识产品，快速诊断产品现状
快消品产品开发方法：打造快消爆品 张荣举　著	提供整套实战性的思维、方法、技能和工具，直接带有表格及公式，一看就能上手		